STEFANIE ROEDIGER-STREUBEL

Die neue Leber-Galle Diät

100 Rezepte zum Genießen ohne Reue

WILHELM HEYNE VERLAG
MÜNCHEN

HEYNE KOCHBUCH
07/4635

Printed in Germany 1992
Umschlaggestaltung: Atelier Ingrid Schütz, München
Umschlagfoto: Sigi Hengstenberg, München
Innenfotos: Butaris (89, 107, 141, 159, 177, 213, 231); Komplett-Büro (17);
Kühne KG (53, 71); Langnese-Iglo (35, 195)
Zeichnungen: Chol-Spasmoletten Bildservice, Dolorgiet;
Designstudio Hannes Fleischer
Satz: Schaber Datentechnik, Wels
Druck und Bindung: RMO-Druck GmbH, München

ISBN 3-453-05425-3

REZEPTTEIL

Einleitung

Im traditionellen asiatischen Heilwesen heißt es, daß die Leber und die eng mit ihr verbundene Gallenblase der Sitz »des Zorns und der Trauer« sind. Wie wahr, denn kaum ein Organsystem unseres Körpers ist so direkt mit unserer Stimmungslage in Verbindung zu bringen wie die Gallenblase. Redensarten wie »dem läuft die Galle über« oder »das geht mir an die Galle« sind Beispiele dafür, wie die Abhängigkeit von Stimmungslage und normaler Organfunktion in unsere Sprache übernommen wurden. Ohne Zweifel wird die Gallebildung stark beeinflußt durch seelische Erregung, Ärger und Streß; sie ist in ihrer Nervenversorgung auch von Abläufen im Gehirnzentrum abhängig. Hierdurch kann die Galle in ihrer normalen Funktion erheblich gestört werden. In den westlichen Industrieländern erkrankt etwas mehr als ein Viertel der Bevölkerung an Leber und Gallenblase. Dabei ereilt es Frauen fünfmal häufiger als Männer. Woran das liegt? Frauen haben einmal eine höhere Lebenserwartung und gelten außerdem als »stille Dulder«, die eher stumm in sich hineinleiden, als sich laut und vor allem rechtzeitig »Luft« zu machen.

Neben der seelischen Komponente kann auch eine falsche Ernährung – zu viel Fett, Cholesterin, Alkohol und denaturierte Kohlenhydrate – zur Bildung von Gallensteinen und ernsten Lebererkrankungen führen. So liegt es nahe, bei der Erkrankung von Organen, deren Funktion unmittelbar der Nahrungsausnutzung dient, diese durch ausgewählte Speisen zu schonen beziehungsweise den Heilungsprozeß zu fördern. Die Ansichten über den Wert bestimmter Diätvorschriften haben sich weitgehend geändert. Heute sind sich die Ärzte in überwiegender Zahl einig,

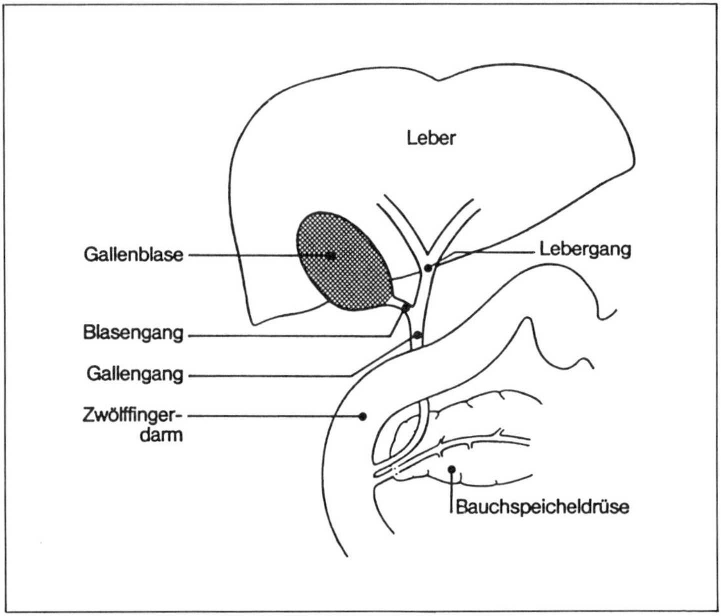

(Bildquelle): Chol-Spasmoletten Bildservice, Dolorgiet

Die Galle reagiert empfindlich auf Ärger, Streß und Aufregung

daß rigorose Verbote nur Übertretungen und Schuldgefühle provozieren, so daß dadurch alles noch schlimmer wird, weil die Patienten sich über sich selbst »grün« und »blau« ärgern und allein dadurch wieder eine Gallenkolik bekommen. Eine vollwertige Mischkost mit vielen Ballaststoffen, Mineralien und Vitaminen, wenig, am besten gar kein Alkohol und noch weniger Cholesterin, halten Gallenblase und Leber auf lange Sicht am ehesten gesund.

Die reichhaltige Auswahl an gutbürgerlichen bis hin zu Feinschmecker-Rezepten, die Ihnen dieses Buch bietet, dazu Empfehlungen zur gesunden Lebensweise, Tips und Tricks für eine moderne, zeitgemäße Küchenpraxis, werden Sie erkennen lassen, daß Diät und Genuß keinen Widerspruch bedeuten; selbst dann nicht, wenn Sie mit der Kur-Woche abspecken möchten. Und eines ist noch wichtig: keinen Streß und Ärger sich anstauen lassen. Das fällt Ihnen mit einer alten Weisheit vielleicht leichter: einmal am Tag aus eigener Kraft außer Atem kommen (z.B. durch Treppensteigen, Turnen oder Laufen), einmal am Tag herzhaft lachen und einmal am Tag etwas Gutes tun für Körper und Seele.

Die Leber

Aufbau und Funktion

Die Leber, mit einem Gewicht von ungefähr 1,5 kg, schmiegt sich in der rechten oberen Bauchhöhle an das Zwerchfell, weitgehend geschützt von den Rippen des unteren Brustkorbs. Sie ist das kleinste, aber am besten eingerichtete Chemielabor der Welt. Ihre Oberfläche ist spiegelglatt und von blaß rotbrauner Farbe. Die Laborarbeit erledigen etwa 120 Billionen Leberzellen, jede von ihnen ein komplett ausgerüstetes Hochleistungskraftwerk. Nicht weniger genial ist die Leistung der Leber. Die Liste lebenswichtiger Aufgaben ist so lang, daß man gar nicht weiß, wo man anfangen soll. Als Zentrallaboratorium hat die Leber eine Hauptrolle im Stoffwechsel aller Nährstoffe:

Zuckerstoffwechsel – hier spielt die Leber eine Schlüsselrolle. Sie sorgt dafür, daß ein immer gleichbleibendes Angebot an Glucose (Traubenzucker), dem wichtigsten Energiespender, im Körper vorhanden ist. Die Glucose stammt überwiegend aus den aufgespaltenen Kohlenhydraten der Nahrung, kann aber auch von der Leber aus anderen Stoffen, z.B. Fetten oder Eiweißen, gebildet werden. Überschüssige Glucose, wie sie regelmäßig nach den Mahlzeiten auftritt, verwandelt die Leber in Speicherformen, hält sie auf Vorrat und gibt sie bei Bedarf – etwa in einer Streßsituation – wieder als Traubenzucker ab.

Eiweißstoffwechsel – wichtigste Aufgabe der Leber ist es, für Nachschub an körpereigenem Eiweiß zu sorgen. Eiweiße und komplizierte Verbindungen aus Aminosäuren (Eiweißbausteine)

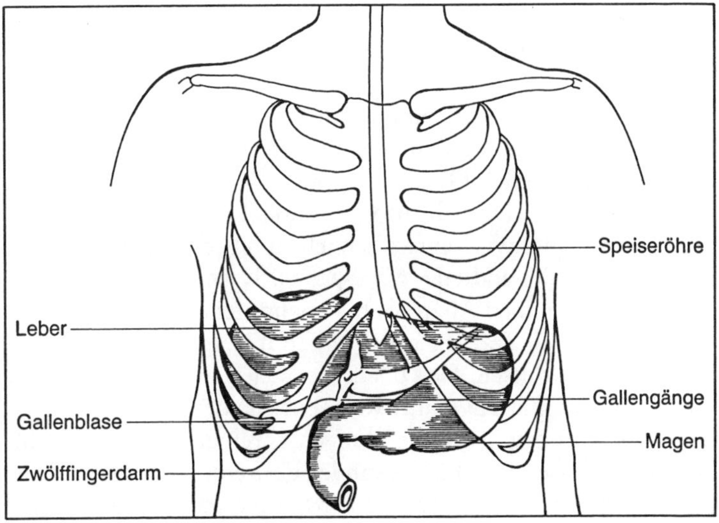

sind Bau- und Funktionssubstanzen aller Zellen. Nach den Muskelzellen ist die Leber der zweitgrößte Eiweißproduzent. Pro Tag bildet sie 50 g neues Eiweiß, eine hohe Kunst, die über Leben und Tod entscheidet: ohne den Grundbaustein Eiweiß geht nichts.

Fettstoffwechsel – auch hier mischt das Superorgan Leber fleißig mit: die bereits im Darm aufbereiteten Nahrungsfette werden von ihr für den »Export« in sogenannte Fettdepots in andere Organe bearbeitet.

Blutbildung – in der Zeit vor der Geburt wird hauptsächlich in der Leber Blut gebildet. Diese Aufgabe übernimmt dann später das Knochenmark. Doch die Leber sondert alte Blutzellen aus, baut sie ab und baut wichtige Bestandteile (Eiweiß) fürs Blut wieder auf. Kein Wunder also, daß die Leber bestens versorgt ist; in jeder Minute werden 1,5 l Blut durchgepumpt, das macht mehr als 2000 l pro Tag.

Die Entgiftungsfunktion – das »Entgiften« des Organismus ist wohl die bedeutendste Leberfunktion. Ein Großteil der Medikamente wird hier abgebaut, giftige oder krebserregende Substanzen, die mit der Nahrung in unseren Körper gelangen oder sich in ihm bilden, werden herausgefiltert, »entschärft« und so verändert, daß sie den Organismus auf schnellstem Wege wieder verlassen können. Der Abbau von Alkohol gehört ebenso dazu. Dieses Genußgift wird ausschließlich durch die Leber in seine unwirksamen Bestandteile aufgespalten. Dabei baut das Organ pro Stunde 8 g reinen Alkohol ab – mehr nicht. Dieser Wert läßt sich weder durch Training, noch durch die Art des zugeführten Alkohols beeinflussen. Der Leber ist es egal, ob ihr Wein, Bier, Schnaps oder Likör zugeführt wird. Entscheidend für ihr Entgiftungsprogramm ist allein die Menge des reinen Alkohols. Ohne Schaden zu leiden, kann die gesunde Leber eines Mannes pro Tag etwa 60–70 g reinen Alkohol (2 l Exportbier oder 1 l Wein oder 11 Schnäpse [32%ig]) abbauen. Frauen vertragen, langfristig betrachtet, entschieden weniger. Ihre leberverträgliche Grenzschwelle liegt bei 20–30 g reinem Alkohol (3/4 l Bier, 1/2 l Wein, 4 Schnäpse oder Liköre).

Gallenproduktion der Leber – entgegen landläufiger Meinung ist nicht die Gallenblase die Produktionsstätte der Gallenflüssigkeit, sondern die Leber. Sie bildet etwa 0,7 l Gallensaft in 24 Stunden, der im wesentlichen der Fettverdauung dient. Die Flüssigkeit wird, auf ein Zehntel eingedickt, in der Gallenblase gelagert, damit erhält diese eine ausschließliche Speicherfunktion. Je nach Bedarf wird die Gallenflüssigkeit dann in den Zwölffingerdarm abgegeben, wo die in der Galle enthaltenen Gallensäuren die Fette der Nahrung umhüllen, sie wasserlöslich machen, um sie dann schließlich durch die Darmschleimhaut in den Blut- und Lymphkreislauf zu schleusen.

Die uralte chinesische Medizin behauptete schon, daß die Leber hauptsächlich nachts aktiv ist, nämlich zwischen 2 und 4 Uhr morgens; dies hat nun die moderne Forschung bestätigt. Am Tag

Wie die Leber Galle macht

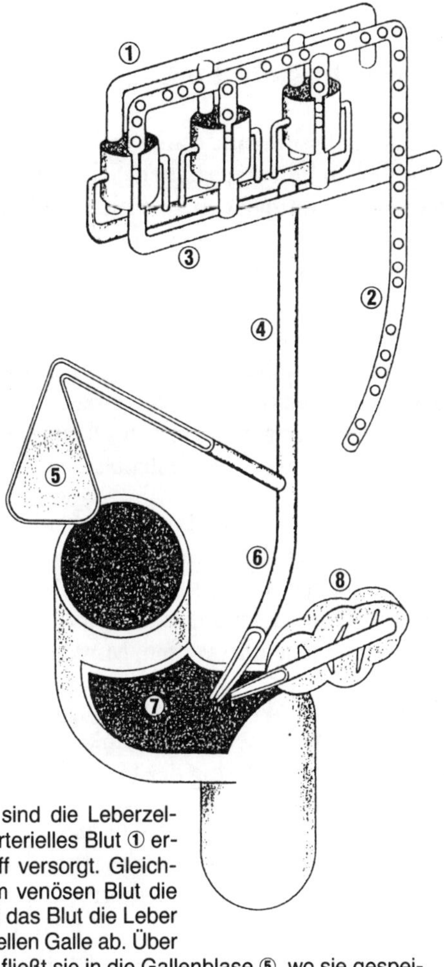

Produzenten der Galle sind die Leberzellen. Sie werden durch arterielles Blut ① ernährt und mit Sauerstoff versorgt. Gleichzeitig entziehen sie dem venösen Blut die Abfallstoffe ②. Während das Blut die Leber verläßt ③, sondern die Zellen Galle ab. Über den Lebergallengang ④ fließt sie in die Gallenblase ⑤, wo sie gespeichert wird. Während der Verdauung gelangt sie über den Gallengang ⑥ in den Zwölffingerdarm ⑦, von da zur Bauchspeicheldrüse ⑧.

stehen Sekretion und Entgiftung auf dem Leber-Stundenplan, nachts die Speicherung und der Energieaufbau.

So macht sich die Leber bemerkbar

Die Leber besitzt eine starke Selbstheilungskraft und arbeitet mit erheblichen Überkapazitäten. Selbst ein Fünftel des gesunden Lebergewebes vermag den gesamten Stoffwechsel noch allein zu bewältigen. Wird allerdings die Leber kontinuierlich geschädigt durch Alkohol- und Tablettenmißbrauch, kann das schließlich zu einem weitgehenden Ausfall dieses Organs führen. Krankhafte Prozesse in der Leber spüren Betroffene häufig erst in fortgeschrittenem Stadium. Daher ist es von großer Bedeutung, Hinweise auf Krankheiten rechtzeitig zu entdecken und durch Laboruntersuchungen zu klaren Diagnosen zu kommen. Folgende erste Anzeichen sollten deshalb sehr ernst genommen werden:

Allgemeinbefinden: Leistungsabfall, Müdigkeit, Appetitlosigkeit, Übelkeit, Erbrechen, Gewichtsverlust, Druckgefühl im rechten Oberbauch, leichtes Fieber, Völlegefühl, vermehrte Blähungen und Dunkelfärbung des Urins, Entfärbung des Stuhls durch Mangel an Gallenfarbstoffen, Muskel- oder Gelenkschmerzen.

Haut: Gelbwerden der Haut (ist häufig das früheste Signal für Gelbsucht). Routinemäßige Trinker neigen zu schwammigen Gesichtszügen. Rotfärbung der Handinnenflächen.

Gesicht und Schulter: rote Punkte mit Ausläufern, die an Spinnenbeine erinnern. Diese sogenannten »Lebersternchen« können auf Veränderungen im Sexualhormonhaushalt hinweisen. Aus gleichem Grund kann es bei Männern zum Anschwellen der Brustdrüsen, zur Bauchglatze (Verlust der Behaarung) und zur Hodenschrumpfung kommen.

Lippen: rotglänzende glatte Lippen und Zunge.

Augen: Gelbfärbung der Augenbindehäute aufgrund überhöhter Konzentration an Gallenfarbstoff.

Nägel: Veränderungen an der Struktur der Fingernägel, z.B. »Uhrglasnägel«; ähnlich einem Uhrglas wölbt sich der Nagel. Außerdem »Weißnägel«, Verfärbung durch weißliche Flecken.

Beine: Vermehrtes Auftreten von blauen Flecken nach geringfügigem Druck oder Stoß. Schwellung der Beine.

Untersuchungsmethoden

Anatomische Veränderungen der Leber lassen sich durch Abtasten, in weiterer Folge durch Ultraschall feststellen. Dazu kommen Untersuchungen von Blut und Urin auf laborchemischem Wege. Diese »Leberwerte« (Bilirubin, Transaminasen, Gamma-GT, Triglyceride) werden ergänzt durch weitere diagnostische Möglichkeiten wie z.B. die Entnahme einer Gewebsprobe (Leberbiopsie).

Akute und chronische Entzündung der Leber

(Hepatitis)

Die Entzündung der Leber kann mehrere Ursachen haben. Meistens liegt ihr jedoch eine Ansteckung mit Hepatitis-Viren zugrunde. Mitunter ist sie auch eine Begleiterscheinung bei anderen Erkrankungen, z.B. bei chronischem Alkoholmißbrauch (Fettleber-Hepatitis). Erste Anzeichen einer Leberentzündung sind neben den bereits erwähnten Allgemeinerscheinungen (Müdigkeit etc.) gelbliche Verfärbung der Augäpfel, grippeähnliche Beschwerden und eine Hellfärbung des Stuhls sowie ein bierbrauner Urin. Die berühmte Gelbfärbung der Haut – daher auch »Gelbsucht« genannt, populärer Name der Hepatitis im Volksgebrauch – muß aber nicht unbedingt auftreten. Bei jedem dritten

Patienten verläuft die Erkrankung »stumm«, d.h. ohne die Gelbfärbung. Mit den Hepatitis-Viren kann man sich auf vielerlei Weise anstecken; sie werden durch Nahrungsmittel, verunreinigtes Wasser, aber auch durch Blut und andere Körpersäfte von bereits Erkrankten übertragen. Kleinste Verletzungen, wie sie beim Friseur, bei der Pediküre oder beim Arzt auftreten können, ermöglichen den Eintritt der Viren in den Organismus. Teilte man früher die Hepatitis lediglich in A, B, Nicht A und Nicht B ein, so kennen die Forscher heute noch eine Reihe von weiteren Viren (C, D, E) und Erregern. Relativ harmlos verläuft die Hepatitis A. Zwischen dem Eindringen des Krankheitserregers in den Körper (das sind in der Regel Nahrungsmittel wie Muscheln, ungewaschene Früchte und Salate – deshalb aufpassen in südlichen Ländern!) und dem Ausbruch der Krankheit (Inkubationszeit) vergehen rund sechs Wochen. Man fühlt sich schwach und lustlos, hat Widerwillen gegen fette Speisen, Nikotin und Alkohol, wird von Übelkeit, Brechreiz und Blähungen geplagt. Der Urin nimmt eine braune Färbung an, der Stuhl wird hell. Die ganze Haut juckt, später verfärben sich Haut und Schleimhäute gelb. Meist besteht erhöhte Temperatur, oft auch Fieber, und man sucht freiwillig das Bett auf.

Behandlung und diätetische Maßnahmen

Zwei bis vier Wochen größtmögliche Schonung und Ruhe, am besten in einem Krankenhaus. Je nach Schwere der Erkrankung werden dann entzündungshemmende Medikamente und kräftigende Infusionen verabreicht. Dazu eine Diät aus hochwertigen Nährstoffen und strikter Verzicht auf Alkohol. Eine akute Leberentzündung mit dem Hepatitis-Virus A heilt völlig aus. Weit gefährlicher sind die anderen Arten der Hepatitis. Deren Erreger gelangen in der Regel über Körperflüssigkeiten von Mensch zu Mensch. Das bedeutet eine Übertragung durch Blut, Harn, Speichel (Küsse) und Samenflüssigkeit (Geschlechtsverkehr). Die Hepatitis B und die anderen Viruserkrankungen haben eine wesent-

Bananenmüsli (Rezept Seite 72)

lich längere Inkubationszeit; rund sechs Monate. Die Symptome ähneln denen der Hepatitis A, werden aber häufig wegen der langen Ansteckungsphase als Grippe mißdeutet. Bei einer Hepatitis B besteht immer die Gefahr, daß aus der akuten eine chronische Erkrankung entsteht. Eine gezielte Behandlung ist leider immer noch nicht möglich, es gibt kein wirksames Medikament gegen diese Viren. Deshalb hat der Patient durch sein Verhalten den Hauptanteil am Heilungsprozeß. So ist jeder Tropfen Alkohol pures Gift; ebenso Grippemittel und schmerzstillende Medikamente. Eine extrem fett- und eiweißarme Ernährung hat sich in der Praxis nicht bewährt. Günstig dagegen ist eine leichte Vollwert-Kost mit hohem Anteil an Vitaminen, Mineralien und Ballaststoffen. Nur bei einem geringen Prozentsatz geht die akut entzündliche Lebererkrankung in eine chronische Hepatitis über. Aber auch diese Form ist bis zu 70 Prozent heilbar; vorausgesetzt, man verzichtet auf jeglichen Alkohol, zusätzliche Arzneimittel und eine zu fettreiche Ernährung. Eine vernünftig zusammengesetzte Mischkost mit überwiegend Vollwert-Charakter wird dagegen von einer kranken Leber am besten vertragen.

Fettleber

Ob der Leber nun Tabletten, Überernährung oder Alkohol zusetzen, ihre Reaktion ist immer gleich: die Schadstoffe stören den Stoffwechsel in den Zellen mit der Folge, daß vermehrt Fett abgelagert wird. Auf diese Weise vergrößert sich das Organ im Laufe der Zeit und kann mehr als doppelt soviel wiegen wie normal – also über 3 Kilo. Dieser erste Schritt zu einer lädierten Leber ist schneller getan, als man glaubt. Allerdings, wenn die auslösende Ursache der vermehrten Fetteinlagerung (Alkohol, Übergewicht etc.) beseitigt wird, verschwindet das Phänomen wieder vollständig. Die Fettleber geht in der Regel einher mit einem Druck- und Völlegefühl im rechten Oberbauch, selten auch mit stärkerem Schmerz im gleichen Bereich.

Diätetische Maßnahmen

Hat sich die Fettleber im Rahmen einer allgemeinen Überernährung (Fettsucht) entwickelt, so ist die Normalisierung des Körpergewichts das wichtigste. Am besten mit einer sinnvollen Abnahme-Diät auf Vollwertbasis unter Berücksichtigung der Cholesterinwerte (siehe dazu Schlankheitskur auf Seite 33). Erfolgte die Fetteinlagerung durch Alkohol, sollte man mindestens sechs bis acht Wochen keinen Tropfen Alkohol anrühren. Dann ist der Erfolg hundertprozentig. Außerdem stellte die moderne Forschung fest, daß die Fettmobilisierung aus der Leber schneller erfolgt, wenn die Nahrung weniger aus reinen Kohlenhydraten (Zucker, Süßigkeiten, weiße Auszugsmehle und daraus gewonnene Backwaren) und mehr aus Nahrungsfetten mit einem hohen Anteil an mehrfach ungesättigten Fettsäuren (Distel-, Nuß-, Sonnenblumen-, Soja- und Olivenöl extra, möglichst kaltgepreßt) besteht.

Leberzirrhose (Leberschrumpfung)

Immerhin, aus rund 10 Prozent aller Fälle von chronischer Hepatitis entwickelt sich eine Leberzirrhose; überdurchschnittlich oft neigen solche Patienten auch zu Leberkrebs. Wenn Leberzellen durch Fetteinlagerung und chronische Entzündung zugrunde gehen, bildet sich an ihrer Stelle Bindegewebe. Dieses hat keine organspezifischen Eigenschaften, kann also auch die chemischen Aufgaben des »Zentrallabors« nicht erfüllen. Es ist absolut minderwertig, wie zum Beispiel Narbengewebe. Außer durch Hautzeichen (wie bereits eingangs beschrieben) macht sich die Leberschrumpfung durch Unwohlsein, Übelkeit und Appetitlosigkeit bemerkbar. Man wird leistungsschwach, ermüdet rasch und wird öfter von Depressionen heimgesucht. Am ganzen Körper geht die Behaarung zurück. Die Potenz ist stets gestört, oft völlig erloschen. Hauptursache einer Leberzirrhose ist, wie bei fast allen Lebererkrankungen, der Alkoholmißbrauch. Die Menge Alkohol, die eine Zirrhose auslösen kann, ist sehr unterschiedlich; je nachdem wieviel einer verträgt. Manche trinken unmäßig und werden trotzdem alt. Andere bekommen bei wesentlich geringerem Alkoholkonsum eine lebensbedrohende Zirrhose. Weitere Ursachen bei der Entstehung einer Leberzirrhose: Erkrankungen, die mit einem Gallenstau einhergehen (primär biliäre Zirrhose) und Speicherkrankheiten, z.B. von Eisen und Kupfer.

Behandlung und diätetische Maßnahmen

Wird die Leberschrumpfung durch vollständigen Alkoholverzicht, Medikamente und Diät behandelt, so gelingt es, das Leben um viele Jahre zu verlängern. Denn die noch verbliebenen Leberzellen reichen oft aus, um den Stoffwechsel aufrechtzuerhalten. Der Zirrhotiker kann grundsätzlich alles essen, was ihm keine Beschwerden bereitet. Da es jedoch öfter zu Beschwerden im Bauchraum, Blähungen und gelegentlichen Durchfällen kommt, sollten alle Speisen, die nach der allgemeinen Erfahrung derartige Beschwerden auslösen, gemieden werden. Das sind insbesondere sehr fetthaltige und fritierte Speisen, grobes Gemüse wie Kohlsorten, Hülsenfrüchte und rohes Steinobst. Die Zusammensetzung der Nährstoffe sollte einer leicht bekömmlichen Vollwerternährung entsprechen. Da sich bei einer fortgeschrittenen Leberzirrhose die Fähigkeit der Leber im Abbau von Gift- und Schlakkenstoffen verringert, muß die Eiweißzufuhr gedrosselt werden. Erfahrungsgemäß werden Milch- und Eiereiweiß dann besser vertragen als Fischeiweiß. Das Muskelfleisch der Schlachttiere nimmt eine Mittelstellung ein.

Leberkrebs

Zum Glück eine in unseren Breiten nicht so häufig auftretende Erkrankung. Leberzellkrebs tritt vor allem in Afrika und Asien auf. Hierzulande sind es häufiger Tochtergeschwülste (Metastasen) von anderen Tumoren, die dann irgendwann auch die Leber befallen. Ursachen des sogenannten Primärkrebses der Leber sind neben Leberzirrhose mitunter bestimmte Schimmelpilze. Außerdem sind Personen, die an einer Hepatitis B oder C erkranken, mehr gefährdet.

Allgemeine Richtlinien bei Lebererkrankungen

Führen Sie ein möglichst geregeltes Leben.
Acht Stunden Schlaf und eine Siesta von 20 Minuten nach dem Mittagessen.
Täglich mindestens zwei kleine Spaziergänge unternehmen, einen nach dem Aufstehen und einen vor dem Zubettgehen.
Täglich eine warme Dusche nehmen (niemals kalt, das wäre ein Schock für die Leber).
Heiße Leberkompressen machen.
Etwas Sport treiben, doch größere Ermüdung vermeiden. Geeignete Sportarten: Golf, Schwimmen, Wandern.
In regelmäßigen Zeitabständen Ferien machen. Wenn möglich, alle 3 Monate 1–2 Wochen. Oft ist auch ein Wochenende auf dem Lande äußerst erholsam.
Ärger, Streit, Wut und Aufregungen aus dem Wege gehen. Lassen Sie Ihre Umgebung ruhig wissen, daß Ruhe ein Teil Ihrer therapeutischen Behandlung ist.
Bei akuter Erkrankung 2–3 Tage Heilfasten (das heißt nur Flüssigkeit in Form von Gemüsebrühe, verdünnten Gemüsesäften und Kräutertee).
Umstellung der Ernährung auf mehr Rohkost (Verträglichkeit austesten), Obst und Gemüse, vor allem Artischocken. Sie enthalten den Wirkstoff »Cynarin«, der eine leberzellschützende Wirkung hat.
Bei Juckreiz: Essigwasserabwaschungen.
Mariendistel-Präparate als Unterstützung zur Leberschutztherapie (Apotheke und Reformhaus).
Meerrettich-Kur: 500 g Meerrettich schälen und fein raffeln. Mit

2 l Wasser übergießen, aufkochen und bei milder Hitze 5 Minuten köcheln. Vom Herd nehmen und zugedeckt 24 Stunden ziehen lassen. Durch ein Sieb streichen. Jeweils vor jeder Mahlzeit ein Glas davon trinken.
Die Gesamtfettzufuhr (für die Zubereitung, als Aufstrichfett und sogenannte versteckte Fette insbesondere in den tierischen Nahrungsmitteln) einschränken.
Keinen Alkohol.
Keine Nahrungsmittel, die Zusatz- und Konservierungsstoffe enthalten.
Zu bevorzugen: Lebensmittel aus biologischem Anbau.
Sparsam salzen, reichlich Kräuter und Hefeextrakt verwenden.
Reine Kohlenhydrate wie Zucker, Süßigkeiten, Auszugsmehle meiden.
Magere Eiweißprodukte bevorzugen.
Sorgen Sie für ausreichende Flüssigkeitszufuhr. Am besten geeignet sind Mineralwässer, ungezuckerte Kräuter- und Früchtetees, milchsauer vergorene Gemüsesäfte (z.B. rote Bete, Sauerkraut etc.), Molke, Fruchtsäfte.
Konsequent einschränken: Zucker, Zuckeraustauschstoffe, Süßwaren, ausgezogene Mehle, Weißbrot, mit Auszugsmehl hergestellte Backwaren, raffinierte Öle und Fette.
Empfehlenswert: 5 kleinere Mahlzeiten über den Tag verteilt.
Wer jedoch einen 3-Mahlzeiten-Rhythmus gewohnt ist und ihn deshalb als angenehm empfindet, der sollte auch dabei bleiben.

Heilkräutertees zur Unterstützung der Leber-Therapie

Mariendistel-Tee

1–2 TL Mariendistelsamen pro Tasse Wasser kurz aufkochen, 15 Minuten ziehen lassen und abseihen. Der Tee wird heiß schluckweise getrunken, und zwar morgens auf nüchternen Magen, mittags 30 Minuten vor dem Essen und abends vor dem Schlafengehen jeweils eine Tasse. Der Tee kann auch mit Pfefferminz gemischt werden; das schmeckt besser und es steigert noch die Wirkung (Reformhaus, Apotheke).

Löwenzahntee

1 TL Wurzeln pro Tasse Wasser abkochen, etwas ziehen lassen und abseihen. 2–3 Tassen täglich. Man kann den Löwenzahn auch als Frischsaft trinken; jeweils ein kleines Gläschen zu den Mahlzeiten (Reformhaus, Apotheke).

Artischockentee

1–2 TL frische oder getrocknete Pflanzenteile (Apotheke) gut zerkleinert mit ¼ l kochendem Wasser aufbrühen. 10 Minuten ziehen lassen, abseihen und jeweils vor den Mahlzeiten 1 Tasse in kleinen Schlucken trinken. Artischocken gibt es auch als Frischsaft (Reformhaus).

Teemischung mit Wegwarte

20 g Wegwartenkraut mit Wurzeln, 20 g Löwenzahnkraut mit Wurzeln und 10 g Pfefferminzblätter – alles zerkleinert und gut verschlossen aufbewahren. Jeweils 2 TL dieser Mischung mit ¼ l kaltem Wasser übergießen und langsam zum Kochen bringen. Vom Herd nehmen und abseihen.
Diese Teemischung kann man kurmäßig anwenden: 3–6 Wochen ein- bis zweimal täglich 1 Tasse Tee trinken.

Wermut-Tee

1 TL geschnittenes Kraut mit ¼ l kochendem Wasser übergießen, 10 Minuten ziehen lassen, dann abseihen. Kurmäßig 3mal täglich 1 Tasse nach dem Essen sehr warm trinken. Oder nur bei Bedarf (zum Beispiel wenn sich nach Ärger und Aufregungen die Galle mit Schmerzen meldet).
Wermut gibt es auch als Tinktur (Apotheke). So lassen sich beispielsweise Diätsünden relativ rasch wieder mit 20 bis 30 Tropfen Wermut-Tinktur ausgleichen.

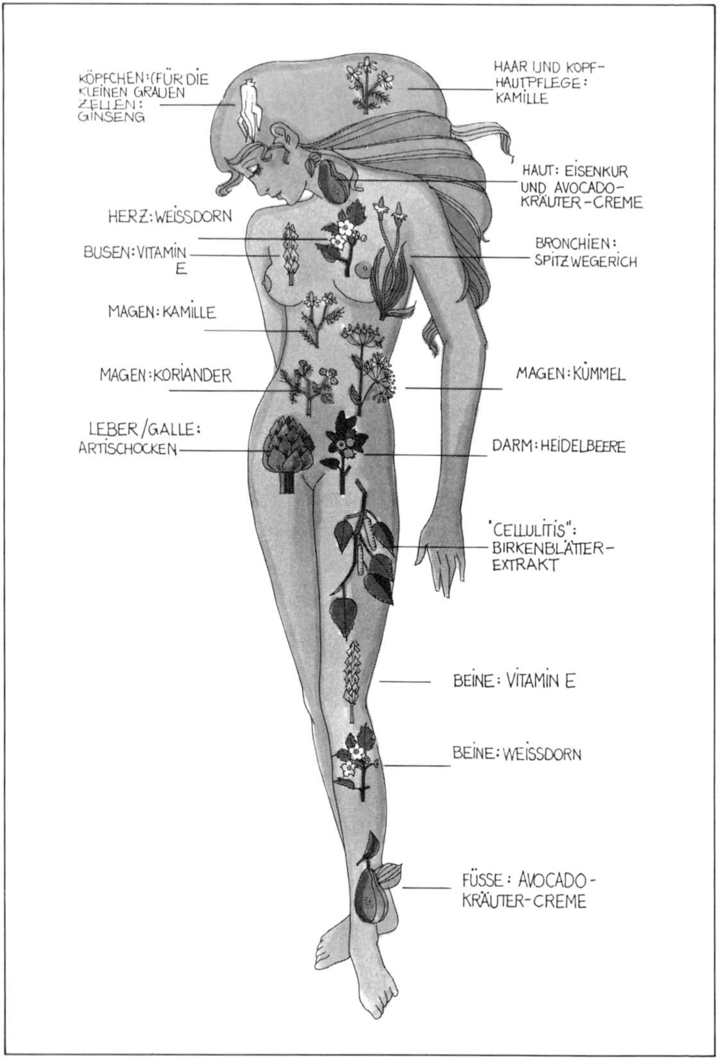

So wirken Gewürze, Kräuter und Gemüse wohltuend auf den Organismus

Wermut-Teemischung

10 g Wermut (geschnittenes Kraut) mit jeweils 10 g Tausendgüldenkraut und Pfefferminze mischen. In ein gut verschließbares Gefäß geben. Jeweils 1 gehäuften TL dieser Mischung mit ¼ l heißem Wasser übergießen, 5 Minuten ziehen lassen und abseihen. Gut warm trinken.

Alle diese Heilkräutertees gehören zu den Bittertees und schmekken entsprechend. Aber Süßen löst nicht das Problem. Denn bitter und süß ergeben zusammen niemals einen harmonischen Geschmack. Außerdem würde Zucker die Wirksamkeit beeinträchtigen. Wem es also schwerfällt, die Bittertees zu trinken, der kann ohne weiteres auf die Mischungen übergehen, die durch die Pfefferminze etwas aromatischer sind. Auch die Zugabe von Zitronensaft und Zimt hilft.

Anmerkung: Da ein Mehr an Menge auch selten ein Mehr an Wirkung bringt, sollten Sie nicht alle Tees auf einmal trinken. Entscheiden Sie sich für eine Sorte und wechseln dann in einem Wochen-Turnus auf eine andere. Wirken tun sie alle gleich gut.

Menüvorschläge bei akuter Hepatitis

Je nachdem, wie man sich fühlt, 1–3 Tage fasten und nur Bittertees (Seite 22) und Fruchtsäfte aromatisiert mit Zitronensaft trinken.
Danach eine leichte Aufbaukost:

Frühstück:

Kräuter- bzw. Heilkräutertees (Seite 22), Bananenmüsli (Seite 72), Zwieback mit frischen Apfelscheiben, Fünf-Korn-Müsli (Seite 73), Reisbrei mit Apfelkompott (Seite 79), Milchnudelbrei (Seite 77), Buchweizenmüsli (Seite 76).

2. Frühstück:

Magerquark mit Kompott, Gemüsebouillon (Seite 94), Gemüsesaft (Seite 223), Karotten-Buttermilch (Seite 222), Fitneß-Drink (Seite 227).

Mittagessen:

Salate: geriebener Rettich mit Rübchen, mit Zitronensaft und etwas Buttermilch abgeschmeckt. Salat mit Apfeldressing (Seite 103), Möhren-Apfel-Rohkost (Seite 110).

Suppen: Gemüsebouillon (Seite 94), Frühlingssuppe (Seite 83), Rote-Bete-Suppe (Seite 85), Feine Graupensuppe (Seite 85).

Hauptgerichte: Rhabarber-Auflauf (Seite 205), Gemüsetopf mit Nockerln (Seite 208), Hühnernudeltopf mit Gemüse (Seite 209), Geschmorte Artischocken (Seite 173) mit Kartoffelschnee (Seite 184), Geschmorter Lauch (Seite 174) mit Vollkornreis, Artischokken mit Tomaten-Dip (Seite 170), Kartoffeln mit Sprossenquark (Seite 192), Lasagne mit Quark und Spinat (Seite 201), Putenragout (Seite 148) mit Kartoffelschnee (Seite 184) oder Nudeln.

Desserts: Apfelgrütze (Seite 214), Heidelbeercreme (Seite 212), Pfirsichkompott mit heißen Himbeeren (Seite 214), Limonenjoghurt auf Kiwisauce (Seite 215), Zitronenquark mit Aprikosen (Seite 216), Buttermilchgelee mit Beeren (Seite 216).

Nachmittags:

Heilkräutertee oder Kamillen- oder Pfefferminztee, Haferflokkenkekse (Seite 238), Birnen-Muffins (Seite 237), Vollkornzwieback, Quarkspeise mit Früchten (Magerquark mit Kompott oder Beeren), Buttermilch-Shake (Buttermilch gemixt mit Erdbeeren).

Abendessen:

Weizenschrotbrei mit Rhabarberkompott (Seite 77), Pikanter Haferbrei (Seite 79), Knäckebrot mit Obstaufstrich (Seite 132), Kräuterkäse (Seite 138) mit Knäckebrot, Meerrettichquark mit Weizenvollkorntoastbrot (Seite 135), Vollkornzwieback mit Artischockencreme (Seite 133).

Als Getränk: Tee mit Zitrone (kein Zucker oder Süßstoff).

Nach 3–4 Wochen Übergang auf eine leichte Vollwertkost.

Frühstück:

Tee nach Wahl, Vollkornbrötchen mit Butter und Honig, Vollkornbrot. Müsli und Breie nach Wahl (von Seite 72 bis Seite 80), Fruchtsäfte, Quarkspeisen (siehe Desserts, ab Seite 211), Rührei mit Schnittlauch (Seite 119), Zungensülze (Seite 120) mit Vollkornbrot.

2. Frühstück:

Gemüse- oder Fruchtsäfte, Buttermilch-Shake (Buttermilch mit Früchten im Mixer verquirlt), Tomaten mit Thunfischfüllung (Seite 116), Toastbrot mit Crabmeatfarce (Seite 117), Gurken-Baguette (Seite 121), Salat-Sandwich (Seite 122), Club-Sandwich (Seite 124), Möhrenjoghurt (Seite 125).

Mittagessen:

Salate und Rohkost nach Wahl (aus dem Rezeptteil Seite 98).

Suppen: Minestrone (Seite 82), Fenchel-Joghurt-Suppe (Seite 83), Brennesselsuppe (Seite 84), Creme von Petersilienwurzeln (Seite 86), Artischockencremesuppe (Seite 87), Selleriecremesuppe (Seite 82), Fruchtige Tomatensuppe (Seite 88), Eierblumensuppe (Seite 88), Grünkernsuppe (Seite 92).

Hauptgerichte: Spinatauflauf (Seite 203), Reisauflauf mit Kräutern (Seite 204), Apfel-Brot-Auflauf (Seite 206), Steckrübeneintopf (Seite 210), Graupeneintopf (Seite 207), Putenröllchen mit Pilzsauce (Seite 149), Gekräuterte Putenbrust auf Apfel-Kartoffel-Gemüse (Seite 151), Hirschsteak in Folie (Seite 152), Joghurtkartoffeln mit Möhren (Seite 190), Artischockenreis (Seite 189), Gefüllter Pfannkuchen mit Artischocken (Seite 196), Tofu-Geschnetzeltes (Seite 191), Ofenkartoffel (Seite 188) mit Buntem Gemüse (Seite 171), Geschmorter Weizen mit Gemüse (Seite 192), Tomate mit Hackfleisch gefüllt (Seite 181) und Kartoffelschnee (Seite 184), Seeteufel in Wirsing (Seite 156) mit Dillkartoffeln (Seite 185), Kabeljaubällchen in Kerbelsauce (Seite 160) mit Reis.

Desserts: Rote Grütze mit Vanillesauce (Seite 211), Bananenschaum (Seite 212), Limonenjoghurtcreme (Seite 215), Mango mit Schneehaube (Seite 217), Bratapfel (Seite 220), Erdbeergrütze (Seite 218).

Nachmittags:

Buttermilchkaltschale (Seite 95), Zitronenkaltschale (Seite 97), Erdbeerkaltschale (Seite 96), Birnen-Muffins (Seite 237), Haferkekse (Seite 238) oder Vollkornzwieback, Knäckebrot mit einem cholesterinarmen Aufstrich nach Wahl (Seite 130), Ayran (Seite 222), Rhabarber-Cocktail (Seite 224), Florinda (Seite 225), Heiße Mandelmilch (Seite 225), Fitneß-Drink (Seite 227).

Abendessen:

Rohkost und Salate nach Wahl (aus dem Rezeptteil Seite 98), Vollkornbrot mit cholesterinarmen Brotaufstrichen (nach Wahl, aus dem Rezeptteil Seite 130), Gefüllte Gurkentürmchen (Seite 117), Pochiertes Ei auf Rohkostbrot (Seite 120), Apfelreis mit Schinken (Seite 119), Pilztoast (Seite 123), Toast Hawaii (Seite 125), Gefülltes Fladenbrot (Seite 124), Käse-Flan (Seite 129), Gemüsetopf mit Nokkerln (Seite 208), Hühnernudeltopf mit Gemüse (Seite 209).

Menüvorschläge bei chronischer Hepatitis und Leberzirrhose

Frühstück:

Schwarzer Tee mit Milch oder Kräutertee, Breie und Müsli nach Wahl (aus den Rezepten Seite 72), Vollkornbrot, Vollkornbrötchen, Knäckebrot, 10 g Butter oder Diätmargarine, cholesterinarme Brotaufstriche, Quark oder Magerkäse, Honig oder Konfitüre, frisches Obst oder Obstsäfte.

2. Frühstück:

Gemüse- oder Obstsäfte, Gemüsebouillon (Seite 94), frisches Obst pur oder mit Quark/Joghurt gemixt, Milch-Shakes (Milch, Buttermilch oder eine andere Sauermilch, gemixt mit Beerenfrüchten oder Obstkompott), Apfelreis mit Schinken (Seite 119), Salat-Sandwich oder ein anderes Sandwich (aus den Rezepten Seite 116 ff.), Gemüse im Reispapier (Seite 127).

Mittagessen:

Rohkost und Salate nach Wahl (aus den Rezepten Seite 98) oder eine Suppe nach Wahl (aus den Rezepten Seite 81).

Hauptgericht: Pro Woche je 1 fettarmes Fleisch- und Fischgericht nach Wahl (aus den Rezepten Seite 140 ff.).

Reisauflauf mit Kräutern (Seite 204), Apfelauflauf (Seite 206), Rhabarberauflauf (Seite 205), Gemüsetopf mit Nockerln (Seite 208), Graupeneintopf (Seite 207), Hühnernudeleintopf (Seite 209), Steckrübeneintopf (Seite 210), Spinatauflauf (Seite 203), Kartoffeln mit Sprossenquark (Seite 192), Tofu-Geschnetzeltes (Seite 191), Geschmorter Weizen mit Gemüse (Seite 192), Gemüseragout mit Grünkernklößchen (Seite 198), Buchweizenpalatschinken mit Spinat-Käse-Füllung (Seite 197), Gnocchi mit Zitronenrahmsauce (Seite 200), Spaghetti mit Spinatsauce (Seite 202), Kohlrabi mit Zuckerschoten (Seite 175), Gefüllte Kartoffel (Seite 182) mit Salat,

Gefüllte Zwiebel (Seite 182), Ofenkartoffel mit Linsenpüree (Seite 176), Gemüse und Beilagen nach Wahl (Rezepte Seite 170 ff.).

Desserts: nach Wahl (aus den Rezepten ab Seite 211).

Nachmittags:

Schwarzer Tee mit Milch oder Kräutertee, Vollkornzwieback mit 5 g Butter oder Diätmargarine, Knäckebrot mit Quark oder cholesterinarmem Aufstrich, 1 Stück Kuchen nach Wahl (aus den Rezepten ab Seite 229).

Abendessen:

Kräutertee oder Gemüsebouillon (Seite 94) oder Gemüse- bzw. Fruchtsäfte, 2 Scheiben Vollkornbrot mit cholesterinarmem Aufstrich oder magerem kalten Braten und Pikantes Gelee (Seite 136), Gurken-, Rettich- und Tomatenscheiben oder Zungensülze (Seite 120), sättigende Salate mit Fleisch oder Fisch nach Wahl (aus den Rezepten ab Seite 98), Artischocken mit Tomaten- oder Radieschendip (Seite 170), Pilzpfanne (Seite 174) mit Vollkorn-Baguette, Gefüllte Tomaten mit Hackfleisch (Seite 181), Artischocken-Crêpe (Seite 118), Pilztoast (Seite 123) und einen knackigen Kopfsalat in Zitronen-Kräuterjoghurt-Marinade, Toast Hawaii (Seite 125), Thunfisch im Teig (Seite 128) mit Salat.

Fernseh-Snack: 1 alkoholfreier Drink oder Cocktail (aus den Rezepten ab Seite 222).

Menüvorschläge bei fortgeschrittener Leberzirrhose mit Einschränkung der täglichen Eiweißzufuhr

Frühstück:

Schwarzer Tee oder Kräutertee mit Zitronensaft, Vollkornbrot, Vollkornbrötchen, Knäckebrot, 10 g Butter oder Diätmargarine, Honig oder Konfitüre, Gurken- und Tomatenscheiben, Schnittlauchröllchen, Kresse, frisches Obst.

2. Frühstück:

Rhabarbermüsli (Seite 75), Buchweizenmüsli (Seite 76), Salat-Sandwich (Seite 122), Buchweizen-Knusperl (Seite 127), Gemüse im Reispapier (Seite 127), frisches Obst nach Wahl.

Getränke: Abendrot (Seite 226), Zitronentee (Seite 228), Tomapfel (Seite 227), Summerday (Seite 226).

Mittagessen:

Rohkost und Salate: Kohlrabi-Carpaccio (Seite 99), Tomatensalat mit Basilikum (Seite 102), Salat mit Apfeldressing (Seite 103), Spinatsalat (Seite 105), Gemischter Salat (Seite 108), Radicchiosalat mit Kürbis (Seite 109), Möhren-Apfel-Rohkost (Seite 110).

Suppen: Minestrone (Seite 82), Frühlingssuppe (Seite 83), Rote-Bete-Suppe (Seite 85), Hafergrütze mit Kerbel (Seite 80), Artischockencremesuppe (Seite 87), Selleriecremesuppe (Seite 82), Zitronenkaltschale mit Schneeklößchen (Seite 97), Buttermilchkaltschale (Seite 95), Fruchtige Tomatensuppe (Seite 88), Spargelcremesuppe (Seite 91), Champignoncremesuppe (Seite 92).

Hauptgerichte: Tafelspitz mit Meerrettichsauce (Seite 154), 1 Portion gefüllter Hackbraten (Seite 142), Gefüllte Kartoffel (Seite 182), Kohlrabi mit Rosinen-Reis-Füllung (Seite 183), Gefüllte Tomate (Seite 181), Rübenmus mit gedünsteten Äpfeln (Seite 172) und Kartoffelpüree (Seite 184), Geschmorte Artischocken (Seite 173) mit

Reis, Geschmorter Lauch (Seite 174) mit Vollkornnudeln, Sahnewirsing (Seite 178) mit Dillkartoffeln (Seite 185). Gurkengemüse (Seite 179) mit Ofenkartoffel (Seite 188), Artischockenreis (Seite 189), Joghurtkartoffeln mit Möhren (Seite 190), Gedünsteter Chicorée mit Auberginen-Käse-Schitzel (Seite 199).

Desserts: Apfelgrütze (Seite 214), Pfirsichkompott mit heißen Himbeeren (Seite 214), Mango mit Schneehaube (Seite 217), Bratapfel ohne Ingwerjoghurt (Seite 220), Erdbeergrütze (Seite 218).

Nachmittags:

Schwarzer Tee oder Kräutertee mit Zitrone, 2 Zitronenringe (Seite 233) oder 1 Stück Marmorkuchen (Seite 236) oder eiweißarmes Gebäck, das es zu kaufen gibt.

Abendessen:

Schwarzer Tee oder Kräutertee mit Zitrone oder Gemüsebouillon (Seite 94), 2 Scheiben Vollkornbrot, 10 g Butter oder Diätmargarine, Rettich-, Radieschen-, Tomaten- und Gurkenscheiben, 1 Portion Artischockencreme (Seite 133), 1 Portion Grünkernaufstrich (Seite 130), 1 Portion Gemüsecreme (Seite 137), Ofenkartoffel mit gegrilltem Camembert (Seite 193), Artischocken-Crêpe (Seite 118), Pochiertes Ei auf Rohkostbrot (Seite 120), Apfelreis mit Schinken (Seite 119), Rührei mit Schnittlauch (Seite 119) und Vollkornbrot, Salat-Sandwich (Seite 122), Gurken-Baguette (Seite 121), Pilztoast (Seite 123), Toast Hawaii (Seite 125), Gefülltes Fladenbrot (Seite 124), Käse-Flan (Seite 129).

Menüvorschläge bei Fettleber

Wurde die Fettleber als Ursache von Alkoholmißbrauch diagnostiziert, gelten die gleichen diätetischen Vorschläge wie bei chronischer Hepatitis und Leberzirrhose (Seite 29). Ist die Fettleber zurückzuführen auf eine zu reichhaltige, kalorienübermäßige Ernährung und muß abgenommen werden, gilt für eine Woche der folgende kalorienreduzierte Speiseplan:

7 Tage Schlankheitskur

1. Tag

Frühstück

Müsli aus:
4 EL groben Haferflocken, 1 TL Rosinen, ½ geschälten und kleingeschnittenen Banane, ½ ungeschälten, gut gewaschenen und zerkleinerten Apfel, Saft von 1 Orange.
Als Getränk: leichter schwarzer Tee oder Kräutertee mit Zitronensaft.

Zwischendurch: Rohes Gemüse zum Knabbern soviel Sie mögen (z.B. Gurken, Radieschen, Rettich, Möhren, Kohlrabi, Staudensellerie) pur aus der Hand und nicht angemacht!

Mittagessen

Buchweizenplätzchen mit Lauchgratin:
1 kleine gehackte Zwiebel in 1 TL Olivenöl glasig dünsten. 3 EL mittelfeine Buchweizengrütze zufügen, kurz mitdünsten und mit 0,1 l Gemüsebrühe auffüllen. Bei milder Hitze ausquellen lassen. Mit etwas Sojasauce und Muskat würzen. In einer beschichteten Pfanne 1 EL Olivenöl erhitzen und aus dem Teig kleine, flache Fladen darin knusprig braun von jeder Seite braten. Auf Küchenkrepp abfetten. 1 Stange Lauch putzen, waschen und in Ringe teilen. 2 Tomaten häuten und in Scheiben schneiden. 100 g Champignons putzen und blättrig schneiden. Das Gemüse in

5 EL Gemüsebrühe dünsten. In eine kleine feuerfeste flache Form geben, mit 2 EL Sesamsamen bestreuen und unterm heißen Grill 5 Minuten gratinieren.
Als Getränk: Mineralwasser.

Zwischendurch: 1 kleine Banane oder 1 Apfel, Kräutertee.

Abendessen

Fisch mit Gemüse:
100 g Kabeljau- oder Rotbarschfilet mit Zitronensaft säuern, leicht salzen und pfeffern. Je 1 Stange Lauch, Staudensellerie, Möhre, Zucchini und Kartoffel putzen, waschen und in feine Stäbchen schneiden. Alles zusammen in einen Bratbeutel geben, etwas Gemüsebrühe angießen, verschließen und im Backofen bei 200 Grad (Gas: Stufe 3) 20 Minuten garen.
Als Getränk: 1 Glas Gemüsesaft und Kräutertee.

2. Tag

Frühstück

Hafermüsli wie am ersten Tag.

Zwischendurch: 1 Stück Obst nach Wahl, Gemüsebouillon (Seite 94).

Mittagessen

Spaghetti mit Tomatensauce, Gestürzter Joghurt:
Für den Joghurt: 125 g Magerjoghurt mit dem Saft von 1 Orange verrühren, etwas frischen, geraspelten Ingwer zufügen und 3 Blatt weiße Gelatine nach Packungsanweisung aufgelöst unterrühren. Im Kühlschrank erstarren lassen.
Für die Nudeln: 100 g Vollkornspaghetti nach Packungsanweisung kochen. 200 g Tomaten häuten und würfeln oder entsprechend Tomatenstückchen aus der Tetrapackung in 1 EL erhitztem Olivenöl andünsten. Von ½ Bund Basilikum die Blättchen abzupfen und feinschneiden, zufügen, mit je einer Prise Salz und

Fischsuppe nach Marseiller Art (Rezept Seite 93)

Pfeffer würzen, unter die abgetropften Spaghetti mischen und mit 1 EL frisch geriebenem Parmesan bestreuen.
Für das Dessert: Den Joghurt stürzen und mit frischen Him- oder Erdbeeren umlegen.
Als Getränk: Mineralwasser mit Zitronensaft.

Zwischendurch: Gemüsebouillon und Knabbergemüse wie am ersten Tag.

Abendessen

Käseomelett mit Hirse-Pilz-Füllung:
1 EL Vollkornmehl mit 1/16 l Magermilch, 1 kleinen Ei und 1 Prise Salz verrühren. 10 Minuten quellen lassen. 35 g Hirse unter fließend kaltem Wasser abbrausen und in 1/8 l Gemüsebrühe kochen bzw. ausquellen lassen. 125 g Champignons oder Austernpilze putzen, zerkleinern, in 5 g Diätmargarine dünsten und unter die Hirse mischen. Mit etwas gehackter Petersilie und Hefeextrakt würzen. Eine beschichtete Pfanne mit Olivenöl auspinseln und das Omelett darin backen. Hirsefüllung darauf verteilen, zusammenklappen und mit 10 g frisch geriebenem Parmesan bestreuen.
Als Getränk: Kräutertee und Mineralwasser.

3. Tag

Frühstück

Buchweizenmüsli:
30 g Buchweizenschrot in 0,1 l Magermilch kochen und ausquellen lassen. 1 TL Rosinen, 1 TL Honig und 1/2 geriebenen Apfel untermischen.
Als Getränk: Tee.

Zwischendurch: 1 Stück Obst nach Wahl.

Mittagessen

Gefüllte Kartoffel:
1 große Kartoffel = 200 g gut waschen und in der Schale kochen. Quer halbieren und vorsichtig aushöhlen. Das Fruchtfleisch mit

5 entsteinten, gehackten Oliven, 1 EL frisch geriebenem Parmesan, 1 EL Magerjoghurt, 1 EL gehackten Kräutern und 2 feingehackten Frühlingszwiebeln vermischen. In die Kartoffelhälften füllen. Eine Hälfte in Folie einschlagen und im Kühlschrank für abends aufheben. Die andere Hälfte gleich unter den Grill legen und kurz gratinieren. Dazu Salat essen aus 1 Kopfsalat mit einer Marinade aus 3 EL Magerjoghurt, 1 EL Zitronensaft, ½ TL Sojasauce und frischen Kräutern.
Als Getränk: Mineralwasser mit Zitrone.

Zwischendurch: 1 Stück Obst oder rohes Gemüse nach Wahl. Gemüsebouillon (Seite 94).

Abendessen

Gedünstetes Gemüse und gefüllte Kartoffel:
Je 1 Zucchini, kleine Möhre, Stange Lauch und Staudensellerie putzen, waschen, kleinschneiden und in 0,1 l Gemüsebrühe dünsten. Mit gehackter Petersilie abrunden. Die zurückgelegte Kartoffel vom Mittag untern Grill schieben und gratinieren, dazu essen.
Als Getränk: Kräutertee.

4. Tag

Frühstück

Knäckebrot mit Frischkäse:
2 Scheiben Haferknäckebrot mit 100 g körnigem Frischkäse (Hüttenkäse) und Kresse oder Schnittlauch; wer's lieber süß mag, träufelt 1 TL Honig über den Käse.
Als Getränk: Tee.

Zwischendurch: 1 Stück Obst nach Wahl.

Mittagessen

Gemüseteller, Salat:
Je 1 Zucchini, kleine Aubergine, 1 Bund Frühlingszwiebeln putzen, waschen, kleinschneiden und in 1 EL erhitztem Olivenöl an-

dünsten. ½ Packung Tomatenstückchen (Tetrapack) zugeben und alles garen. Mit Thymian, gehackter glatter Petersilie und 1 Msp Hefeextrakt würzen. Wer's verträgt, kann auch noch eine ausgepreßte Knoblauchzehe zufügen. Mit Basilikumblättchen und 1 EL frisch gehobeltem Parmesan bestreuen. Dazu Salat essen, soviel Sie mögen: Blattsalate angemacht mit Magerjoghurt, Zitronensaft und Kräutern.
Als Getränk: Mineralwasser mit Zitronensaft.

Zwischendurch: 1 Stück Obst nach Wahl.

Abendessen

Geflügelspießchen, Salat, Bratapfel:
100 g Hähnchenbrustfleisch durch den Fleischwolf drehen, mit 1 kleingehackten Zwiebel und 1 ausgepreßten Knoblauchzehe (nach Verträglichkeit), 1 Prise Salz, Pfeffer, 50 g Tofu, 1 kleinen Eiweiß, 1 TL getrockneten Kräutern der Provence, 1 Prise Ingwer und 1 TL gemahlenen Haselnüssen vermischen. Aus dem Fleischteig fingerdicke kleine Würstchen formen. Je 1 Zucchini und rote Paprikaschote putzen, waschen und in Stücke schneiden. Abwechselnd mit den Geflügelwürstchen und frischen Salbeiblättchen auf Schaschlikspieße stecken. Unterm heißen Grill unter Wenden braten. Dazu Salat soviel Sie mögen (wie am Mittag) und als Dessert 1 Bratapfel (Seite 220 ohne Ingwerjoghurt).
Als Getränk: Tee.

5. Tag

Frühstück

Cornflakes mit Milch:
9 EL Cornflakes mit ½ geschälten, zerkleinerten Banane mischen. Mit ⅛ l Magermilch übergießen und sofort essen. 1 Scheibe Haferknäckebrot, mit Hefeextrakt bestrichen.
Als Getränk: Tee.

Zwischendurch: 1 Stück Obst nach Wahl.

Mittagessen

Gemüse-Reispfanne:
100 g Vollkornreis mit 2 Tassen Wasser und 1 TL Hefeextrakt garen. 1 Stange Lauch, 2 Stangen Staudensellerie, 1 kleine Möhre, 1 kleine rote Paprikaschote putzen, waschen und würfeln. In 1 EL erhitztem Olivenöl andünsten. Mit 1 EL Zitronensaft und 0,1 l Gemüsebrühe ablöschen, weichdünsten. Unter den fertigen Reis mischen, mit 2 EL frisch geriebenem Parmesan bestreuen und kurz unterm heißen Grill gratinieren.
Als Getränk: Mineralwasser mit Zitrone.

Zwischendurch: 1 großes Glas Kur-Molke.

Abendessen

Hähnchennudeln, Salat:
50 g gekochte Hähnchenbrust würfeln. 50 g Vollkornnudeln nach Packungsanweisung kochen, abgießen und mit dem Fleisch mischen. 150 g extrafeine Erbsen (TK) nach Packungsanweisung kochen, abgießen und zu den Nudeln geben. Mit reichlich gehackter glatter Petersilie würzen. Dazu: Salat soviel Sie mögen, angemacht wie immer.
Als Getränk: Gemüsebouillon (Seite 94) oder Tee.

6. Tag

Frühstück

Hafermüsli wie am ersten Tag.

Zwischendurch: 1 großes Glas Kur-Molke.

Mittagessen

Geschnetzeltes mit Frühlingsgemüse (Foto Seite 89):
50 g Truthahn- oder Hähnchenbrustfleisch in sehr feine, dünne Streifen schneiden, mit etwas Sojasauce und Zitronensaft beträufeln und etwas ziehen lassen. 50 g Nudeln nach Packungsanweisung kochen. 1 kleinen Kohlrabi, 1 kleine Möhre putzen, waschen und kleinschneiden. 50 g Zuckerschoten waschen, abfädeln. Das

Gemüse in Gemüsebrühe garen. 1 TL Butterschmalz oder Diätmargarine in einer beschichteten Pfanne erhitzen, die Fleischstreifen darin von allen Seiten andünsten, mit der Sojamarinade ablöschen und das Gemüse samt der Flüssigkeit zufügen. Fleisch garen. Alles auf den fertigen Nudeln anrichten.
Als Getränk: Mineralwasser mit Zitrone.

Zwischendurch: 1 großes Glas Kur-Molke.

Abendessen

Spaghetti mit Tomatensauce wie am 2. Tag mittags.

7. Tag

Frühstück

Buchweizenpfannkuchen mit Apfelquark:
50 g feines Buchweizenmehl mit 7 EL Magermilch, 1 EL Magerquark und 1 Msp Backpulver verrühren. 15 Minuten quellen lassen. 1 kleines Eiweiß (Gew.-Kl. 4) mit 1 Prise Salz sehr steif schlagen und unter den Teig heben. In einer mit Öl ausgepinselten beschichteten Pfanne einen Pfannkuchen daraus backen. 100 g körnigen Frischkäse (Hüttenkäse) mit 1 kleinen geriebenen Apfel mischen, mit Zimt, Zitronensaft und ½ TL Honig abschmecken. Auf dem Pfannkuchen verteilen.
Als Getränk: Tee.

Zwischendurch: 1 Stück Obst oder Knabbergemüse nach Wahl.

Mittagessen

Rohkostplatte mit Spinatquark:
125 g jungen Blattspinat waschen, abtropfen und im Mixer pürieren. Unter 100 g Magerquark mischen, mit etwas Zitronensaft, geriebener Zwiebel und ausgepreßtem Knoblauch (nach Verträglichkeit) abschmecken. 1 Bund Radieschen waschen und vierteln. ¼ kleine Salatgurke schälen und in Stifte schneiden. 1 kleinen Kohlrabi schälen und in Scheiben teilen. 200 g Brokkoli waschen, putzen, in Röschen teilen und in kochendem Salzwasser 5 Minu-

ten garen. 2 mittelgroße Kartoffeln in der Schale kochen. Alles auf einem großen Teller anrichten, in die Mitte die Spinatcreme geben.
Als Getränk: Gemüsebouillon (Seite 94) oder Mineralwasser mit Zitronensaft.

Zwischendurch: 1 großes Glas Kur-Molke.

Abendessen

Kräuter-Kartoffel-Salat mit pochiertem Ei:
Kräuter-Kartoffel-Salat (Rezept Seite 113), 1 kleines Ei (Gew.-Kl. 3) in kochendes Wasser, dem ein Schuß Essig beigefügt wurde, aufschlagen und 4 Minuten köcheln. Mit einem Schaumlöffel herausheben und zum Kartoffelsalat essen.
Als Getränk: Tee.

Tips für die Schlankheits-Diät

Die Schlankheitstage erhalten im einzelnen zwischen 1000 und 1200 Kalorien. Sie sind extrem fett- und cholesterinarm. Sollten Sie nach 7 Tagen noch nicht genug abgenommen haben, machen Sie einfach weiter und fangen wieder von vorne an.
Da die Kost sehr ballaststoffreich ist, sollten Sie viel Flüssigkeit, etwa 2 l pro Tag, aufnehmen. Natürlich in Form von Kalorienfreiem wie Tees, Mineralwässer (je nach Verträglichkeit mit wenig Kohlensäure).
Die ideale Ergänzung zur Diät: Bewegung! Denn die Dauerlösung für Figurprobleme liegt nicht einfach darin, weniger zu essen, und wenn das nichts hilft, die Kost noch karger zu machen. Unser Körper antwortet auf geringere Energiezufuhr, indem er auch weniger Kalorien verbrennt, um sein Gewicht konstant zu halten. Dieser Automatik wirken Sie durch Bewegung entgegen: einfache Gymnastikübungen, die gezielt gegen weibliche Problemzonen eingesetzt werden, helfen da schon eine ganze Menge.

Es gibt dazu entsprechende Bücher, Zeitschriften und Musikkassetten.
Wenn Sie die Schlankheits-Diät erfolgreich abgeschlossen haben, Ihre Leberwerte wieder in Ordnung sind, dann sollten Sie unbedingt bei einer Vollwertkost bleiben. Zweimal die Woche Fleisch und einmal Fisch genügen auch weiterhin durchaus. Die übrigen Tage können Sie mit leckeren vegetarischen Gerichten ausfüllen, genügend Anregungen finden Sie in diesem Buch. Da alle Rezepte nach Kalorien ausgerechnet sind, dürfte es nicht schwerfallen, sich täglich 1500–1800 Kalorien zusammenzustellen.

Immer Normalgewicht anstreben

Um festzustellen, ob Sie über-, unter- oder normalgewichtig sind, gibt es verschiedene Möglichkeiten:

Die Broca-Formel: Nehmen Sie Ihre Körpergröße in Zentimetern, ziehen Sie 100 davon ab und Sie haben Ihr Normalgewicht. Liegen Sie 20% darüber, sind Sie übergewichtig. Bei 15 bis 20% darunter sind Sie zu dünn.

Der Body-Mass-Index errechnet sich komplizierter: Sie teilen Ihr Körpergewicht (in kg) durch ihre Körpergröße (in m), das Resultat teilen Sie erneut durch Ihre Körpergröße. Das Ergebnis ist Ihr Körpermasse-Index, der bei Frauen um 20 und bei Männern um 23 liegen sollte. Endergebnisse, die 20% darüber liegen, bedeuten unweigerlich Übergewicht! Bei 15–20% darunter sind Sie zu dünn.

Die Getränke

Tee ist in allen Variationen erlaubt. Wobei die Heilkräutertees (Seite 22) eine besondere Stellung einnehmen sollten, wegen ihrer leberschützenden und leberstärkenden Funktion. Aufs Süßen dabei möglichst verzichten; besser ist die feine englische Art, seinen Tee mit Milch zu trinken. Ausgezeichnete vitaminreiche

Durstlöscher sind Frucht- und Gemüsesäfte, die man nach Belieben noch mit kohlensäurearmem Mineralwasser verdünnen kann. Milch ist reich an hochwertigen Nährstoffen und daher eher als sättigendes Nahrungsmittel anzusehen. Deshalb sind Milchmixgetränke häufig schon eine komplette kleine Mahlzeit für den Hunger zwischendurch.

Als »Lösungsmittel« für eine ballaststoffreiche Kost eignen sich Mineralwässer am besten. Je nach Verträglichkeit sollten sie aber nicht zu kohlensäurehaltig sein. Wem das Wasser pur zu langweilig ist, der kann es farblich aufpeppen mit 1 Him- oder Erdbeere, einer Litschi oder Kumquat, mit Zitronen- und Orangenscheiben.

Bohnenkaffee steht heute nicht mehr auf der Verbotsliste. Je nach Verträglichkeit (es gibt ja auch reizarme Spezialsorten) und vom Arzt erlaubt, kann er getrunken werden. Die französische Art, halb Kaffee halb Milch, wird meistens gut vertragen.

Kakao ist im allgemeinen sehr bekömmlich.

Alkohol in jeder Form sollte aus den bereits vielfach erwähnten Gründen gemieden werden.

Die Gallenblase

Aufbau und Funktion

Die Gallenblase ist ein muskulöser, birnenförmiger Sack von etwa 5 Zentimeter Länge. Die Gallenblasenschleimhaut ist umgeben von je einer Rings-, Längs- und Querschicht glatter Muskulatur. In der Gallenblase, die nichts anderes ist, als ein Reservoir für die in der Leber gebildete Galle, wird der erst helle, später grünbraune Drüsensaft auf etwa ein Zehntel seiner ursprünglichen Menge eingedickt. Kommt Speise in den Zwölffingerdarm und wird für das in ihr enthaltene Fett die Gallenflüssigkeit zur Verdauung gebraucht, dann zieht sich die Gallenblase zusammen und stößt die Galle in den Darmabschnitt hinein. Die in ihr befindlichen Gallensäuren spalten dann das Nahrungsfett auf. Dieses Zusammenziehen der Gallenblase merkt der Gesunde nicht. Der Gallenkranke bekommt aber vielleicht sogar eine Kolik, vor allem dann, wenn Steine oder Grieß in der Gallenblase liegen.

So macht sich die Galle bemerkbar

Ist die Gallenbildung oder der Gallenabfluß z.B. durch Entzündungen, Verkrampfungen, Stauungen oder aber durch Gallensteine gestört, kann die Verdauung der Nahrungsfette nicht mehr ausreichend vorbereitet werden. Die Farbe der Galle wird durch den Gallenfarbstoff Bilirubin bewirkt. Das Bilirubin färbt den Stuhl und den Urin dunkel. Tritt bei Krankheiten Bilirubin in größeren Mengen in das Blut, dann in Haut und Schleimhäute

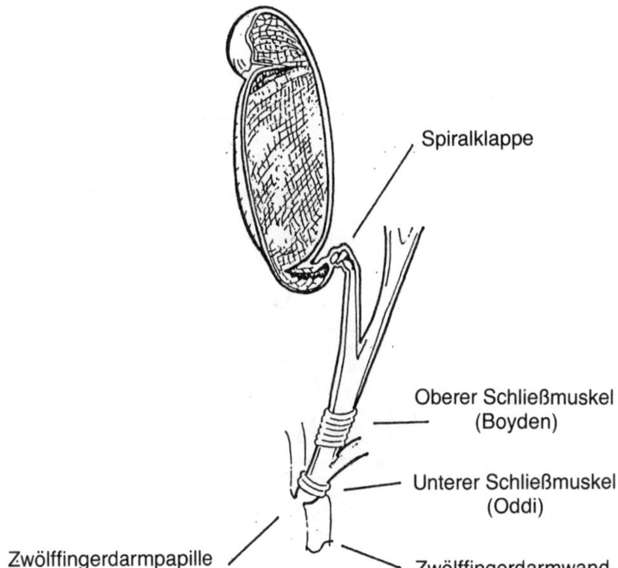

Gallenblase und abführende Gallenwege

über, färben sich diese gelb. Weitere Anzeichen einer Gallenstörung: Unverträglichkeit fettreicher Speisen, Druckschmerzen im rechten Oberbauch, Völlegefühl, Blähungen und Verstopfung.

Gallensteinleiden

Zur Entzündung der Gallenblase kommt es meist dadurch, daß sich Steine bilden. Normalerweise stehen die einzelnen Bestandteile der Gallenflüssigkeit (Gallensäuren, Gallenfarbstoff und der Fettstoff Cholesterin) in einem ausgewogenen Verhältnis zueinander. Wird es gestört, können sich Cholesterin und Bilirubin

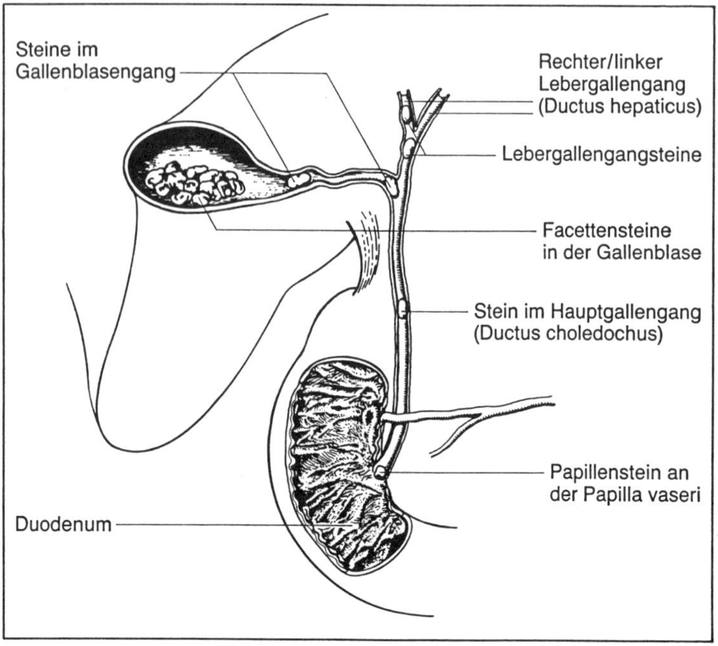

Gallensteine entstehen meist in der Gallenblase. Sie enthalten Kalk, Gallenfarbstoffe und Cholesterin in wechselnden Zusammensetzungen.

verhärten und zu Steinen auskristallisieren. Die Anlage zur Steinbildung kann vererbt sein; doch auch eine über Jahre führende zu fett- und cholesterinreiche Ernährung läßt sich dafür verantwortlich machen. So ist es auch kein Wunder, daß rund 80 bis 90 Prozent aller Gallensteine aus Cholesterinablagerungen stammen. Und daß Frauen häufiger davon betroffen sind als Männer. Amerikanische Ärzte klassifizieren den typischen Gallensteinpatienten nach dem 3 F-System: female, fat and forty; zu deutsch: weiblich, übergewichtig und vierzig. Viele Menschen tragen solche Gallensteine (die es in verschiedenen Größen bis zum sandigen Gallengrieß gibt) oft jahrelang mit sich herum, ohne mehr als gelegentliche Reizungen zu verspüren. Etwa zwei Drittel aller Gallensteine werden denn auch nur per Zufall entdeckt; bei Röntgen- oder Ultraschalluntersuchungen. Leider ist aber häufig Unruhe im Gallensteinlager. Die Steine können, wenn die Gallenblase sich plötzlich zusammenzieht, an den engen Hals der Gallenblase gedrückt werden und damit den Ein- oder Ausgang versperren. Bleiben der oder die Steine (meistens sind es mehrere) dort stecken, kommt es nicht nur zur äußerst schmerzhaften Gallenkolik, die Gallenblase kann auch platzen. Die Galle fließt in den Bauchraum hinein, es kann zu lebensgefährlichen Komplikationen kommen. Fällt der Stein in die Gallenblase zurück, läßt der Schmerz so schnell wieder nach, wie er aufgetreten ist. Gerät ein Stein in den Gallengang, wiederholt sich das Spiel; er bleibt entweder stumm liegen oder blockiert den Gang. Die Lage des Steins kann zum einen die Gallenfunktion stark beeinträchtigen und zum zweiten anderen Erkrankungen den Weg bereiten, die noch viel schwerwiegender sind, wie z.B. Bauchspeicheldrüsen-Entzündung. Zu den Auswirkungen der Steine auf die Galle selbst können ständige Reizungen der Gallenwände – und der in ihnen befindlichen Nerven – gehören, und natürlich Gallenblasenentzündungen.

Behandlung und diätetische Maßnahmen

Da Gallenkoliken sehr schmerzhaft sind, gehen die meisten Betroffenen relativ rasch zum Arzt. Hier sollte dann eine gründliche internistische Untersuchung stattfinden und dabei mittels Endoskopie vom Darm her nach etwaigen Gallensteinen gefahndet werden. Oft lassen sich bereits bei einer solchen Untersuchung manch störende Steinchen aus dem Gallengang entfernen. Befinden sich jedoch die Steine in der Gallenblase, gibt es verschiedene therapeutische Maßnahmen, während man früher stets die Operation vorzog, indem man das ganze Organ entfernte: Da die Gallenblase nicht lebenswichtig ist, kann der Mensch bei Einhaltung bestimmter Ernährungsrichtlinien gut ohne sie leben. Heute kennt man unblutige Methoden, die zudem auch noch das Risiko einer Operation verringern. So wird z.B. seit vielen Jahren die »Litholyse« angewendet, eine Behandlung, bei der die Steine in der Gallenblase durch Säuren aufgelöst werden. Die Gallenblase bleibt erhalten, und durch eine gesündere Ernährung und psychische Entspannungsmethoden versucht man die Gallenfunktion zu beruhigen, damit sich keine neuen Steine mehr bilden können. Eine andere Methode ist die Lithotripsie. Der Kranke wird dabei in eine mit Wasser gefüllte Wanne gelegt, dann werden mit Ultraschall gezielte Wellen auf die Gallenblase gerichtet, die die Steine in sich zusammenfallen lassen. Sie zerbrökkeln in kleine Teilchen, die dann mit Medikamenten (Säurepräparate) aufgelöst oder selbständig von der Gallenblase hinaustransportiert werden. Beide Litho-Verfahren sind allerdings nur bei Cholesterin-Steinen wirksam. Auch zu große Steine reagieren nicht auf diese Behandlung. Da hilft dann wirklich nur die Operation und Entfernung der Gallenblase. In manchen Kliniken wird die Lithotripsiebehandlung mit elektromagnetischen Stoßwellen angewandt, denn oft besteht gegen die Wasserwannen-Therapie eine Abneigung. Hierbei ruht der Patient auf einer Liege. Meist reicht eine Behandlung, manchmal sind zwei oder drei Sitzungen erforderlich. In jedem Fall kann der Patient nach 1–1½ Stunden wieder nach Hause gehen. Noch Zukunftsmusik sind die Gallenblasen-Punktion und die Entfernung der Gallenblase (ohne den Bauch aufzuschneiden) mit Hilfe einer Videokamera. Dabei werden feine Rohre aus Glasfaseroptik durch eine kleine Öffnung im Bauchnabel geführt. Nach 2 Tagen ist alles überstanden, es bleiben weder Schmerzen noch Narben.

Was Sie selbst tun können

Im akuten Stadium, also bei Gallenkoliken, hilft nur, ausleitende Heilkräutertees zu trinken (Pfefferminze, Tausendgüldenkraut, Wermut) und feuchtwarme Leibwickel zu machen, eine Wärmflasche oder ein Heizkissen auf den Leib zu legen. Ansonsten den

Arzt rufen. Wer unter Gallensteinen leidet, sollte in jedem Fall auf Gebratenes aus der Pfanne verzichten; Gegrilltes ist meistens sowieso bekömmlicher. Keine Zwiebeln und Kohl essen, weil sie zuviele Blähungen verursachen. Zellulosehaltige Kost aus Gemüsen, Salaten, dazu Vollkornprodukten, entlastet dagegen die Gallenblase und sorgt für eine gute Verdauung. Fett darf nur äußerst sparsam verwendet werden, ebenso Alkohol, der über die Leber auch bei der Galle Reaktionen auslöst. Gleiches gilt für Kaffee. Was die Galle daran stört, ist nicht sein Koffeingehalt, sondern die im Kaffee enthaltenen Röststoffe, die Gerbsäuren und das Kaffeewachs. Die meisten Gallekranken, auch die, die nichts von Steinen ahnen, reagieren gerade auf Bohnenkaffee empfindlich.

Allgemeine Diät-Richtlinien

Fettarme, eiweißausreichende, zellulosehaltige Ernährung. Gemüse mit einem Stich Butter verfeinern, Salate und Rohkost mit etwas kalt gepreßtem Öl anmachen; so werden die fettlöslichen Vitamine (A, D, E) am besten aktiviert.
Kalte Butter und leichte Sahne (12% Fett), Sauermilchprodukte, magere Milchprodukte werden meistens gut vertragen.
Reichlich Kräuter (frische und getrocknete) zum Würzen nehmen, dafür mit Salz sparen.
Im akuten Stadium nur Zwieback, Tee, altbackenes Weißbrot, Knäckebrot und leicht getoastetes Brot essen. Baby-Gemüse aus dem Glas, verlängert mit fettarmer Brühe, eignet sich zur Hauptmahlzeit, Obstpüree in Gläschen als Zwischenmahlzeit. Reis, Nudeln und Kartoffeln in diesen Perioden sehr weich garen. Mehrere kleine Mahlzeiten über den Tag verteilt essen, um stoßweise Magen- und damit Stoffwechselüberlastung zu vermeiden.
Bei allen funktionellen Gallenbeschwerden: Schwarzrettich- oder Löwenzahnsaft (aus dem Reformhaus) trinken. Oder entsprechend Löwenzahn und Rettich als Rohkost verzehren.
Meiden Sie übermäßigen Fettgenuß, vor allem fetthaltige Wurst.

Außerdem: Fett im Essen ist immer schwerer verdaulich als Fett zum Essen; d.h. lieber fettarm kochen und hinterher etwas frische Butter oder Sahne unterrühren.
Keine ofenfrischen Brötchen, Brot oder Pumpernickel essen. Nach einer Gallenblasenoperation sollte die Ernährung, soweit nicht schon bereits vorher geschehen, umgestellt werden auf eine leicht verträgliche Vollwertkost mit überwiegend pflanzlichen, ballaststoffreichen Produkten.
Ansonsten spielen Sie Detektiv und finden Sie selbst heraus, was Ihnen bekommt und was nicht.
Bei Übergewicht versuchen, langsam auf das Normalgewicht zu kommen, z.B. mit einer cholesterin- und fettarmen kalorienreduzierten Diät wie auf Seite 33ff.
Normalgewicht ist: Größe in Zentimetern minus 100 in kg. Beispiel: Sie sind 168 cm groß, dann müßten Sie nach der Formel 68 kg wiegen.

Menüvorschläge bei Erkrankungen der Gallenblase und Gallenwege

Das akute Stadium wurde bereits diätetisch erwähnt, am besten sind Tee-Fastentage, dann eine langsame Erweiterung mit fettarmen Gemüse-, Kartoffel- und Obstbreien, Nudeln und Reis. Am besten nach den Vorschriften des Arztes richten.
Im Anschluß dann eine leichte Aufbaukost.

Frühstück:

Leichter schwarzer Tee oder Kräutertee, altbackene Brötchen oder getoastetes Weizenvollkorntoastbrot, 10 g Butter, 1 EL Honig oder Konfitüre, Buchweizenmüsli (Seite 76).

2. Frühstück:

Magermilchjoghurt mit frisch ausgepreßtem Obstsaft oder Kompott und Cornflakes, Süßer Haferbrei (Seite 78), Reisbrei mit Apfelkompott (Seite 79), Banane, Knäckebrot.

Mittagessen:

Suppen: Gemüsebouillon (Seite 94), mit Gemüse, Reis oder Nudeln, Rote-Bete-Suppe (Seite 85), Selleriecremesuppe (Seite 82).

Hauptgerichte: 100 g mageres, gekochtes Fleisch (am besten Kalb oder Geflügel, in Folie gegart) mit geschmorten Artischocken (Seite 173), Kohlrabi mit Zuckerschoten (Seite 175), Artischocken mit Tomaten-Dip (Seite 170), in Gemüsebrühe gedünsteter Chicorée, Möhrengemüse, Kartoffelschnee (Seite 184), Kartoffelpüree (Seite 184), farbiges Kartoffelpüree (Seite 187), Reis (kein Vollkornreis), Nudeln.

Desserts: Kompott oder Fruchtpürees, Bananenschaum (Seite 212), Pfirsichkompott mit heißen Himbeeren (Seite 214), Limonenjoghurt auf Kiwisauce (Seite 215), Buttermilchgelee mit Beeren (Seite 216), Mango mit Schneehaube (Seite 217), Vanillequark mit Orangenfilets (Seite 220).

Nachmittags:

Kur-Molke, Gemüsesaft (Seite 223), Karotten-Buttermilch (Seite 222), Florinda (Seite 225), leichter schwarzer Tee, Knäckebrot mit Magerquark und Honig oder Gelee, 3 Haferflockenkekse (Seite 238), Toastbrot mit Butter.

Abendessen:

Kräutertee oder Gemüsebouillon, getoastetes Weizenvollkorntoastbrot, magerer Brotaufstrich (z.B. Roastbeef, Kalbsbraten, Lachsschinken und gekochter Schinken, ohne Fettrand), magere Käsesorten, Rettich- und gehäutete Tomatenscheiben, Kompott.

Je nach eigenem Befinden dies oder jenes fettarme Rezept aus dem Rezeptteil ausprobieren und allmählich auf eine Vollkost übergehen. So eine Ernährung sollte dann über längere Zeit eingehalten werden, schließlich bedeutet sie auch eine gute Vorbeugung gegen neue Gallenbeschwerden.

Getränke

Schwarzer Tee, Kräuter- und Früchtetees, Heilkräutertee (wie auf Seite 22 beschrieben), Molke, Buttermilch, Gemüse- und Fruchtsäfte, kohlensäurearme Mineralwässer, reizarmer Kaffee nach Verträglichkeit.
Wie schon erwähnt, ist die Artischocke gallefördernd, auch der aus ihr hergestellte Aperitif (Cynar); ein Gläschen vor dem Essen hat eine ähnlich gute Wirkung auf den Gallenfluß wie Wermut (Cinzano oder Martini). Außerdem wird zimmerwarmer Rotwein gut vertragen und Bier, wenn es nicht aus dem Kühlschrank kommt. Weißwein und Sekt verursachen oft Beschwerden. In jedem Fall sollte, bevor Alkohol getrunken wird, der Arzt gefragt werden.

Nähr- und Wirkstoffe und ihre Bedeutung für die Ernährung

Wir brauchen Energie, um die Lebensfunktion zu erhalten, und wir bekommen sie aus den täglichen Lebensmitteln. Eiweiß, Fett, Kohlenhydrate werden im Organismus »verbrannt«. Die dadurch entstehende Wärme (Energie) wird in Kalorien bzw. Joule gemessen. 1 Kalorie (kcal) entspricht 4,2 Joule (kJ). Vitamine und Mineralstoffe sind Wirk- und Ergänzungsstoffe, sie geben keine Energie ab, dafür sind sie aber die unentbehrlichen »Schmierstoffe« im menschlichen Motor. Wenn sie auch teilweise nur in winzigen Mengen (sogenannten Spuren) gebraucht werden, sind sie doch unersetzlich für Haut und Haare, zum Schutz gegen Infektionen, für den Abbau von Fetten, zum Aufbau von Körperzellen.

Chicorée-Apfel-Salat (Rezept Seite 101)

Eiweiß (Protein)

1 g Eiweiß verbrennt zu 4,1 Kalorien (17 Joule).

Es dient in erster Linie als Basis für alle Organe, Enzyme und Hormone. Ohne Eiweiß wäre kein Leben möglich. Durch die ständigen Auf- und Abbauprozesse in unserem Organismus wird das körpereigene Eiweiß verbraucht und muß daher laufend erneuert werden. Das geschieht, wie Sie bereits lesen konnten, zum größten Teil in der Leber. Damit diese und die Muskeln genügend Eiweiß bilden können, brauchen sie das Nahrungseiweiß. Die von den Fachleuten empfohlene Tagesmenge beträgt 0,8 g pro Kilo Körpergewicht eines Erwachsenen. Ist die Leber geschädigt (wie z.B. bei der Zirrhose) kann sie nicht mehr genügend Eiweiß auf- und abbauen, so daß die Zufuhr an Nahrungseiweiß erheblich verringert werden muß. Hier sollte der Arzt entsprechende Richtlinien geben. In der Regel wird bei einer fortgeschrittenen Leberzirrhose eine tägliche Eiweißzufuhr zwischen 40 und 60 g empfohlen (siehe dazu auch die Menüempfehlungen auf Seite 31). Man unterscheidet zwischen tierischen Eiweißprodukten (Milch, Milcherzeugnisse, Fleisch, Fisch, Eier) und pflanzlichen Eiweißprodukten (Kartoffeln, Getreideerzeugnisse, Hülsenfrüchte, Nüsse, Gemüse, Obst). Beide Eiweißarten ergänzen sich im Organismus auf ideale Weise. Ernährungswissenschaftler empfehlen deshalb, mindestens die Hälfte (zwei Drittel wären noch besser) der täglichen Kost mit pflanzlichen Eiweißprodukten zu decken.

Fett

1 g Fett verbrennt zu 9,3 Kalorien (39 Joule).

Fett ist neben Alkohol (1 g Alkohol = 7 Kalorien/29 Joule) der größte Energielieferant unserer Nahrung. Fett ist ein speicherfähiger Stoff und setzt sich, im Übermaß genossen, in den gefürchteten »Fettpolstern« an. Bei den Nahrungsfetten unterscheiden wir: gesättigte, ungesättigte und mehrfach ungesättigte Fettsäuren. Die gesättigten Fette sind in allen tierischen Produkten, die ungesättigten und mehrfach ungesättigten befinden sich dagegen überwiegend in pflanzlichen Produkten wie z.B. Öle, Nüsse, Diätmargarinen, Sojabohnen, Getreideerzeugnisse. Aufgrund ihrer biologischen Wertigkeit braucht der Mensch alle Fettsäuren; die ideale tägliche Empfehlung: Ein Drittel tierische Fette, zwei Drittel pflanzliche Fette. Bei Erkrankung der Leber und Gallenblase muß der Fettverbrauch eingeschränkt werden. Wie bereits erwähnt, verdaut der Körper das Nahrungsfett durch den in der Leber produzierten Gallensaft. Ist nun der Leberstoffwechsel durch eine Erkrankung gestört, können die Fette nicht mehr allein, sondern nur noch mit Medikamenten abgebaut werden. Im akuten Stadium wird deshalb der Arzt die Fettzufuhr drastisch einschränken. Bei eintretender Besserung wird die Ernährung, je nach ärztlicher Verordnung, pro Tag zwischen 60 und 80 g Fett beinhalten. Allgemein gilt, daß die Ernährung auch nach der Ausheilung eher fettarm bleiben sollte. Da tierische Fette schwerer verträglich sind als die aus Pflanzenkost, wäre es ganz sicher von Vorteil, die Kost künftig überwiegend vegetarisch zu halten. Das heißt: kein Schmalz, kein Gänsefett, kein Talg, keine gehärteten Fette (wie Haushaltsmargarine, Kokosfett etc.), wenig Wurstaufschnitt (da in ihm ein großer Teil der sogenannten »versteckten Fette« enthalten ist), keine fetten Fleisch- und Fischsorten, keine hocherhitzten und gebräunten Fette. Günstig: Butter, Milchprodukte, magerer Fisch und mageres Fleisch, Eier.

Die Cholesterinfrage

In Zusammenhang mit Fetten wird auch immer wieder das Cholesterin genannt und verteufelt. Vorab: Zuviel Cholesterin im Blut ist gefährlich, zuwenig aber auch. Wir brauchen Cholesterin. Unser Körper bildet daraus Gallensäure, Hormone und das Vitamin D. Und weil es so wichtig ist, verläßt sich der Organismus nicht allein auf die Zufuhr von außen durch die Nahrung, sondern bildet es selbst; etwa die zehnfache Menge, verglichen mit dem, was wir an Cholesterin aus der Nahrung aufnehmen. Das sind etwa täglich zwischen 450 und 550 Milligramm Cholesterin, davon werden aber höchstens ein Viertel bis die Hälfte ins

Blut aufgenommen. Der gesunde Körper paßt sich dem Bedarf an Cholesterin mühelos an. Nach neuesten Erkenntnissen spielt deshalb das Nahrungscholesterin nicht die große Rolle, die ihm immer so gerne zugespielt wird. Wirklich maßgebenden Einfluß auf die Höhe des Blutfettspiegels haben Übergewicht, Bluthochdruck, Streß, Bewegungsmangel und vor allem Zigarettenrauchen.

Kohlenhydrate

1 g Kohlenhydrate verbrennt zu 4,1 Kalorien (17 Joule).

Kohlenhydrate sind alle zucker- und stärkehaltigen Nahrungsmittel. Sie bilden das »Heizmaterial« im menschlichen Verbrennungsapparat. Wir unterscheiden zwei Arten: 1. *den Zuckertyp* (das sind alle reinen Zuckersorten und daraus hergestellte Produkte wie Gelees, Konfitüre, Limos, Süßigkeiten, dazu gehört auch Honig, weißes Mehl und daraus hergestellte Brot- und Backwaren, Teigwaren, Obst); 2. *den Stärketyp* (Vollkorn- und Getreideprodukte, Kartoffeln, Hülsenfrüchte, Gemüse). Der Zuckertyp wird aufgrund seiner Struktur sehr rasch vom Körper aufgenommen und verbrannt; er hat den geringsten Sättigungswert. Der Stärketyp dagegen wird langsam über den etwas komplizierteren Magen-Darm-Weg abgebaut, hält länger satt und hat zudem noch einen hohen Anteil an Vitaminen, Mineral- und Ballaststoffen. Die Leber-Gallen-Schonkost vergangener Zeiten enthielt leider viel zu viel von dem Zuckertyp. Heute weiß man, daß gerade die Auswahl des Stärketyps (also Vollkornerzeugnisse) in der Diät von Vorteil ist. Natürlich unter Berücksichtigung der jeweiligen Verträglichkeit. Hülsenfrüchte zum Beispiel und Kohlgemüse lassen sich sehr gut zu feinen Pürees verarbeiten und sind damit wesentlich verträglicher. Erfahrungsgemäß wird sowieso alles weggelassen, was in irgendeiner Art Beschwerden verursacht.

Vitamine

Vitamine sind organische Verbindungen, die wir mit der Nahrung aufnehmen müssen. Sie können direkt als Vitamin zugeführt werden oder aber in Form von Pro-Vitaminen, die der Körper dann selbst in das aktive Vitamin überführen kann. Vitamine können im menschlichen Organismus nicht aus einfachen Stoffen gebildet werden; nur so läßt es sich auch erklären, daß ihr Fehlen zu verschiedenen Krankheiten führt. Regelmäßiger, reichlicher Genuß von Alkohol beeinträchtigt den Vitaminhaushalt. Dies betrifft in erster Linie die Vitamine B_1, B_6, Folsäure (enthalten in Vollkornerzeugnissen, Hefeextrakt, grünen Gemüsen, Eiern, Nüssen und Keimen) und Vitamin A (enthalten in Möhren, grünen Gemüsen, Milchprodukten, Eiern, Obst). Dazu kommt, daß das allgemeine Ernährungsverhalten durch einen Alkoholmißbrauch erheblich verändert wird. Es kommt zu qualitativer Mangelernährung und dadurch zu einer verringerten Vitaminzufuhr. Außerdem verschlechtert Alkohol (ähnlich wie bei Nikotin) die Resorption verschiedener Vitamine und wirkt sich negativ auf den gesamten Vitaminstoffwechsel aus. Schon aus diesem Grund ist eine gut ausgewogene Vollwertkost, mit reichlich frischem Obst und Gemüse, Vollkornerzeugnissen, mageren Milchprodukten und reichlich frischen Kräutern sowie Sprossen und Keimen, für den Lebererkrankten wichtig.

Ballaststoffe

Ballaststoffe ist der Sammelbegriff für die unverdaulichen Bestandteile unserer Ernährung. Sie sind deshalb unverdaulich, weil sie für die Verdauungssäfte nicht angreifbare Substanzen darstellen. Dazu gehören Zellulose, Pektin und andere Vielfachzucker. Bis vor kurzem wurden Ballaststoffe noch für nutzlos, eben »Ballast« gehalten. Doch heute schätzt man ihre Bedeutung für die Verdauung und den Stoffwechsel. Die Deutsche Gesellschaft für Ernährung empfiehlt einen täglichen Verbrauch von mindestens 30 g Ballaststoffen in der Nahrung. Da diese Stoffe viel Wasser für ihre Löslichkeit brauchen, sollte jeder, der ballaststoffreich ißt, auch für ausreichende Flüssigkeitszufuhr sorgen, sonst kann es paradoxerweise zur Verstopfung kommen.

Aus der Küchenpraxis

Einkaufen nach Saison sorgt für reichlich Abwechslung auf dem Speisezettel und garantiert weniger Schadstoffbelastung. Lassen Sie beim Einkauf von Obst und Gemüse aber nicht nur das Auge, sondern auch die anderen Sinne entscheiden. Produkte erstklassiger Qualität verströmen einen aromatischen Duft. Den schnuppern Sie nicht, wenn alles unter Klarsichtfolie verpackt ist. Und frisch muß alles sein. Schlappe Salatblätter, vorgeschnittene Rohkost haben kaum noch Vitamine, dafür manchmal unerwünschte Bakterien. Treibhausware, Konserven und Fertigprodukte haben in einer gesunden Vollkost nichts zu suchen.

Übrigens, Begriffe wie »biologisch«, »natürlich« oder »ökologisch« sind bisher noch nicht geschützt; jeder kann sie beliebig für seine Produkte verwenden. Wollen Sie sicher gehen, daß Sie einwandfreie Produkte ohne chemische Düngung, Insektenvernichtungs- und Pflanzenschutzmittel erhalten, so achten Sie auf folgende Warenzeichen: Bioland, Demeter, Biokreis Ostbayern, Naturland, ANOG, BÖW und Terra Nova. Die Produkte gibt es im Reformhaus, Naturkostläden, im Lebensmittelhandel, in Drogeriemärkten, beim Öko-Bauern, auf Märkten, bei Bäcker und Schlachter.

Der Inhalt Ihres Einkaufskorbes entscheidet nicht allein über die Vollwertigkeit Ihrer Ernährung, sondern das, was Sie letztendlich daraus machen. Durch falsche Vor- und Zubereitung können sehr viel wertvolle Nähr- und Wirkstoffe verloren gehen. So sind beispielsweise Vitamine sehr hitze-, luft- und wasserempfindlich. Aus diesem Grund sollten Sie Rohkost und Salate immer erst unmittelbar vor dem Verzehr zubereiten. Gemüse und Kartoffeln dunkel lagern und auch dort kaufen, wo es nicht dem direkten Sonnenlicht ausgesetzt ist. Kartoffeln, Gemüse und Fleisch nicht im Wasser liegen lassen und nicht in zuviel Wasser garen. Es laugt nur unnötig aus, und die wichtigen Stoffe werden mit dem Kochwasser weggeschüttet. Es sei denn, Sie nehmen die Brühen als Saucen- und Suppenbasis oder, mit frischen gehackten Kräutern angereichert, als Trinkbrühe.

Neben den bekannten Töpfen und Pfannen gibt es heute eine Menge an Geräten, mit denen sich fettarm und vitaminschonend zubereiten läßt:

Garen in Folien

Aromaintensiv, denn alles gart im eigenen Saft. Gemüse, Fleisch und Fisch läßt sich so ganz ohne Fett und Wasser zubereiten. Man legt das Gargut auf die glänzende Seite der Alufolie, die stets so groß sein sollte, daß sich das Kochgut ausdehnen kann. Bratfolie hat den Vorteil, daß alles ohne ein Gramm Fett geschmort werden kann, der Geschmack ist hervorragend und der Ofen bleibt zudem noch sauber. Auch grillen können Sie in Folie, es gibt Spezial Alu-Grillpfannen, in denen Sie ohne Fett duftende Grilladen herstellen können.

Garen im Dampf

Weil der Eigengeschmack der Speisen bei dieser Methode voll erhalten bleibt, läßt sich hierbei auch gut Salz sparen. Es gibt verschiedene Möglichkeiten: einmal gibt man das Kochgut in einen Drahtsiebeinsatz und hängt diesen so in einen Topf mit etwas kochender Flüssigkeit, daß er die Flüssigkeit nicht berührt. Zugedeckt gart dann alles im sanften Dampf. Die Flüssigkeit kann Wasser sein, doch besser schmeckt's mit Brühe oder Fond. Die andere Methode: man stellt auf den Boden des Topfes mit der Flüssigkeit eine feuerfeste Tasse oder Schale und gibt darauf gleich auf einem Teller angerichtet die zu garenden Speisen. Oder man nimmt den Schnellkochtopf, er arbeitet nach dem gleichen Prinzip.

Garen im Tontopf

Fisch, Fleisch und Gemüse lassen sich ebenso fett- und wasserarm im gewässerten Tontopf zubereiten. Auch hierbei bleibt der Eigengeschmack der Nahrungsmittel intensiv erhalten.

Braten in beschichteten Pfannen

Leber- und Gallenkranke vertragen keine Röstprodukte. Deshalb ist das Braten von Fleisch, Fisch und Kartoffeln nicht ratsam. Doch Gemüse können Sie in etwas heißem Fett oder Öl andünsten. Dabei sollte nur darauf geachtet werden, daß das Fett nicht überhitzt wird. Das passiert Ihnen in gut beschichteten Pfannen nicht. Oft genügt es sogar, diese nur mit etwas Öl auszupinseln, so daß auch hier Fett gespart werden kann.

Dünsten

Darunter versteht man, mit wenig Flüssigkeit oder Fett, fast im eigenen Saft, zu garen.

Pochieren

Besonders geeignet für zarte, eiweißreiche Nahrungsmittel wie Eier, Fisch, mageres Fleisch. Es wird nichts gekocht, sondern die Speisen liegen in einem Sud, der bis kurz unter dem Siedepunkt gehalten wird. Da sich Eiweiß bereits bei 70 Grad verfestigt, sind hohe Temperaturen ohnehin nicht erforderlich.

Blanchieren

Soll das Gemüse schön knackig und leuchtend in der Farbe sein, dann blanchieren Sie es. Oft wird es auf diese Weise auch nur vorgegart, um es dann weiter im Backofen zum Beispiel für einen Auflauf zu verarbeiten. Auch für Salate schmeckt knackiges Gemüse besser als zu weich gekochtes. Allerdings sollte in der akuten Phase einer Gallen-Leber-Erkrankung auf blanchiertes Gemüse erzichtet werden, da es nicht gut vertragen wird. Zum Blanchieren brauchen Sie auch keine spezielle Ausrüstung, denn alles dazu Notwendige haben Sie garantiert in Ihrer Küche: einen großen Topf, einen Blanchierkorb oder Sieb oder eine Schaumkelle, außerdem eine Schüssel mit Eiswasser. Und so wird's gemacht: Gemüse oder Obst putzen, kleinschneiden und in einen Topf mit reichlich kochendem Wasser geben. Je nach Gemüseart 2 bis 5 Minuten darin kochen. Dann herausheben und sofort in dem Eiswasser abschrecken. Das verhindert, daß das Gemüse lappig wird und seine Farbe verliert. Aus dem Eiswasser dann auch rasch abgießen und zur Weiterverarbeitung bereithalten; entweder in etwas zerlassener Butter fertig dünsten, in Aufläufe geben oder zu Suppen verarbeiten. Der Sinn dieser Methode: Vitamine und Mineralien bleiben weitgehend erhalten.

Grillen

Erfahrungsgemäß wird in einer Gallen-Leber-Kost das Grillen von Fleisch und Fisch besser vertragen als das Braten. Ob Elektrogrill oder heißer Stein (eine Neuheit aus Finnland) – man spart erheblich an Fett. Nicht geeignet sind die zur Sommerszeit so beliebten Holzkohle-Grills.

Kochen mit dem Wok

Ähnlich dem Garen im Dampf kommt diese Methode der nährwerterhaltenden Zubereitung aus Asien. Es handelt sich hierbei eigentlich um eine Universalpfanne, die halbrund geformt ist und einen hochgezogenen Rand hat. Alle Zutaten werden unter ständigem Rühren herumgewirbelt und garen sehr schnell. Denn am Pfannenboden konzentriert sich die Hitze, während sie am Rand hoch nachläßt. Durch das Umrühren kommen die Speisen einmal in die sehr heiße, dann wieder in die gemäßigte Zone; das erleichtert ein gleichmäßiges Garen, bei dem nichts anbrennt. Im Handel gibt es mittlerweile verschiedene Ausführungen für Elektroherd und Gas, aber auch als Tischgerät. Mit Gästen zusammen ein gemütlicher Spaß!

Garen in der Mikrowelle

Eignet sich besonders gut für kleine Portionen, die man weder bräunen noch überkrusten will; also ideal gerade für die Gallen-

Leber-Ernährung. Außerdem lassen sich tiefgekühlte Gemüse oder Obst rasch auftauen und garen.

Resteverwertung

Eigentlich sollten Sie so kochen, daß keine Reste übrig bleiben, aber es kann ja mal vorkommen. Dann gibt es zwei Möglichkeiten: entweder man friert es sofort ein, für eine weitere Mahlzeit; ist es zu wenig, dann gut bedeckt sofort in den Kühlschrank stellen und am nächsten Tag verarbeiten.

Eier halbieren

In einigen Rezepten wird manchmal nur ½ Eigelb oder Eiweiß gebraucht. So können Sie es problemlos teilen: Eigelb verquirlen und dann mit einem Teelöffel die Hälfte abnehmen, den Rest zudecken und möglichst rasch verbrauchen. Das Eiweiß sehr steif schlagen und die Hälfte abnehmen. Rest zugedeckt im Kühlschrank aufheben und möglichst am nächsten Tag verarbeiten; dann vorher mit 1 Prise Salz nochmals aufschlagen. Eiweiß läßt sich sehr gut unter Obstpüree ziehen oder auf halbierte Orangen und Grapefruits streichen und dann unterm Grill kurz überbakken. Ein schneller, aber sehr leckerer Nachtisch (nicht für die eiweißarme Diät geeignet). Mit Eigelb lassen sich Suppen, Saucen und Quarkspeisen verfeinern.

Gemüse häuten

Häufig wird die Schale von Tomaten und Paprikaschoten nicht vertragen. Dann ist es besser, sie vor der Weiterverarbeitung zu häuten. Tomaten überbrüht man einfach mit kochendheißem Wasser, läßt sie kurz ziehen, schreckt sie dann in kaltem Wasser ab, und die Haut läßt sich mühelos abziehen. Will man sie auch noch entkernen, dann halbiert man die Früchte und hebt mit einem Teelöffel die Kerne heraus. Paprikaschoten weden halbiert oder geviertelt, geputzt und mit der Schnittfläche nach unten auf ein Backblech gelegt. Bei 220 Grad (Gas Stufe 4) etwa so lange backen, bis die Haut Blasen wirft. Herausnehmen und abkühlen, dann mit den Fingern oder einem kleinen spitzen Messer die Haut abziehen. Übrigens: grüner Paprika ist wesentlich schwerer verdaulich als die gelben und roten Sorten.

Brühe entfetten

Gemüsebrühe ist völlig fettfrei, doch wenn Sie sich eine Fleischbrühe kochen, sind manchmal schon erhebliche Fettaugen vorhanden. Je fettärmer die Brühe, desto besser verträglich ist sie auch. So entfetten Sie die Brühen: erkalten lassen und dann einfach die dünne Fettschicht abheben. Oder im heißen Zustand einfach mit einem mit Eiswürfel gefüllten Tuch so lange auf der Brühe hin und herfahren, bis keine Fettaugen mehr vorhanden sind. Anstelle des Eisbeutels kann man auch Filter- oder Küchenkreppapier nehmen.

Mehlbutter

Eine Mischung aus gleichen Teilen Butter (oder Butterschmalz) und Mehl. Zum Andicken von Suppen und Saucen. Durch das Verkneten von Butter und Mehl und das Zufügen an kochende Flüssigkeiten umgeht man die sonst übliche Mehlschwitze, bei der doch hin und wieder Röstprodukte anfallen.
Wer zu hohe Cholesterinwerte hat, sollte ganz auf tierische Fette verzichten. Statt Butter Diätmargarine nehmen und hochungesättigte Öle (Keimöle) für Salate und zum Kochen verwenden.

Leichte Vollwertkost auf einen Blick

Hier noch mal ein kurzer Überblick über alle Nahrungsmittel, die innerhalb einer Gallen-Leber-Ernährung gut und nicht so gut vertragen werden. Wobei dies natürlich immer nur allgemeine Richtlinien sein können. Denn jeder Mensch ist individuell verschieden und so müssen Sie das eine oder andere nach Ihren ganz persönlichen Verträglichkeiten ausprobieren.

günstig	weniger günstig
Brot und Backwaren	
Zwieback, Vollkornzwieback, Knäckebrot, altbackene Brötchen und Vollkornbrötchen, sofern sie keine ganzen Körner oder Nüsse enthalten, ebenso Vollkornbrot, Grau- und Grahambrot, Weizenvollkorntoastbrot, fettarme Kuchen, fettarmes Gebäck.	Alle ofenfrischen Brot- und Backwaren, Pumpernickel, frisches Hefegebäck, in schwimmendem Fett Gebackenes, Buttercremetorten, fette Kuchen und fettreiches Gebäck.
Getreideprodukte und Nudeln	
Alle Mehlsorten (im akuten Stadium feine Mehle, später dann übergehen auf Weizenmehle von Typ 1050 bis auf Vollkornmehl), Grieß, Graupen, Reis (wieder mit weißem anfangen, nach Verträglichkeit auf Vollkornreis überwechseln), Haferflocken, Buchweizen, Hirse, Mais, Grünkern, Nudeln, Vollkornnudeln, Sojanudeln, Buchweizennudeln.	Teigwaren, mit Ei hergestellt.

günstig	weniger günstig
Milchprodukte	
Alle mageren Milch- und Sauermilchsorten, Milch bis 1,5% Fett, Naturjoghurt bis 3,5% Fett, Trinkmilch bis 3,5% Fett, leichte Sahne (12% Fett), Sauerrahm bis 10% Fett, Molke, Quark (bis 20% Fett), Schichtkäse, Hüttenkäse (bis 20% Fett), alle milden, mageren Käsesorten.	Sahne (30% Fett), Crème double (40% Fett), Schmand (24% Fett), Crème fraîche (30–42% Fett), scharfe, stark gewürzte Käsesorten.
Fette und Eier	
Reine Keimöle mit einem hohen Anteil an ungesättigten und mehrfach ungesättigten Fettsäuren (als kaltgeschlagene Öle zu Salaten und Rohkost und zum Kochen, dabei nicht stark erhitzen), Butter, Diätmargarine, Salatmayonnaise auf Joghurtbasis (bis 30% Fett), weiche und pochierte Eier, Rührei, Omelett, Eigelb zum Legieren von Suppen und Saucen, Eiweiß für Desserts (nicht bei eiweißarmer Diät!), Eier zum Backen.	Gehärtete Fette (Kokosfett, Haushaltsmargarine), fetter Speck, Schmalz, Gänsefett, Talg, Rindermark, fette Mayonnaisen (50 und 80% Fett), stark erhitzte und gebräunte Fette, gebratene Eierspeisen, Spiegelei, hartgekochte Eier, zu viele Eier ganz allgemein.

günstig	weniger günstig
Fleisch- und Wurstwaren	
Magere Sorten vom Rind, Kalb, Schwein, Wild, Lamm, Geflügel und Wildgeflügel, milde Schinken und magere, nicht zu stark gewürzte Wurstsorten, Sülzen, Roastbeef, Kalbsbratenaufschnitt, deutsches Corned beef, Geflügelwurst (sofern sie nicht von Gans und Ente stammt).	Alle fetten Fleisch- und Wurstsorten, Gans, Ente, Hammelfleisch, alle geräucherten und gepökelten Sorten, fetter Schinken und Schinkenspeck, Leberwürste, Blutwürste, panierte und fritierte Fleischgerichte.
Fisch und Meeresfrüchte	
Alle mageren Süß-, See- und Salzwasserfische, Muscheln, Garnelen, Hummer (nicht bei erhöhtem Cholesterinspiegel!), Thunfisch frisch und aus der Dose (naturell, in Wasser eingelegt), Räucherlachs und Karpfen (nach Verträglichkeit); sie sind nämlich keineswegs so fett, wie immer angenommen.	Sehr fette und geräucherte Fische, in Öl eingelegte Konserven, Brathering, Fischsalate in Mayonnaise. Bei eiweißarmer Diät: auf Fisch verzichten!

günstig	weniger günstig
Gemüse und Salate	
Alle Blattsalate, Chicorée, Möhren, Tomaten, Sellerie, Artischocken, Spargel, grüne Bohnen, feine Erbsen, Fenchel, Brokkoli, Kohlrabi, Champignons, Austernpilze, Shiitake-Pilze, Spinat, Rettich, Meerrettich, Radieschen, Rosenkohl und Wirsing (Verträglichkeit austesten), ebenso bei Lauch, Zwiebeln, Knoblauch und Paprikaschoten, Kartoffeln in jeder verträglichen Form, Sprossen und Keime.	Alle blähenden und schwerverdaulichen Sorten (manche Kohlsorte wird als Püree gut vertragen), ebenso Hülsenfrüchte, in Fett ausgebackene oder gebratene Gemüse und Kartoffeln, Mayonnaisesalate.
Obst und Nüsse	
Alle Obstsorten in gekochter Form und als Saft, roh je nach Verträglichkeit. Nüsse sehr fein gemahlen, geschält und gehackt, nur in geringen Mengen, Rosinen, Datteln und Feigen nach Verträglichkeit.	Unreifes, hartes Obst, Steinobst (roh), Weintrauben, Paranüsse, Kokosnüsse.
Zucker und Süßigkeiten	
In kleinen Mengen Konfitüre, Gelee und Honig. Zum Süßen: Ahornsirup oder Honig nehmen, aber stets nur minimale Mengen.	Zuviel Zucker und Süßigkeiten, sehr süße Speisen.

günstig	weniger günstig
Gewürze	
Alle frischen und getrockneten Kräuter, auch tiefgefrorene, milder Senf, Essig, Zitronensaft, Muskat, Wermut, Beifuß, Knoblauch und Meerrettich (nach Verträglichkeit), Meersalz, Safran, Koriander, Ingwer, wenig Pfeffer, Hefeextrakt, milder Curry und Paprika (nach Verträglichkeit), Zwiebeln gerieben oder als Saft (nach Verträglichkeit).	Chili, Cayennepfeffer, zuviel Pfeffer, rosenscharfer Paprika, scharfe Gewürzmischungen und -saucen.
Getränke	
Alle Teesorten, milder, reizarmer Bohnenkaffee (nach Verträglichkeit), Obst- und Gemüsesäfte, Molke, Kakao, magere Milch- und Sauermilchsorten, kohlensäurearme Mineralwässer. Für Gallenkranke nach Rücksprache mit dem Arzt: Rotwein, Bier, Apfelwein, Wermutweine.	Starker Bohnenkaffee, Mokka, Espresso, eiskalte Getränke, kohlensäurehaltige Getränke, hochprozentige alkoholische Getränke. Für Leberkranke: keinen Alkohol!

REZEPT TEIL

Rezepte für Leber- und Gallenblasenerkrankungen

Alle Rezepte sind, wenn nicht besonders vermerkt, für 1 Person berechnet. Die Mengen können aber ohne weiteres für mehrere Personen vervielfältigt werden.

Abkürzungen

EL = Eßlöffel
TL = Teelöffel
Msp = Messerspitze
g = Gramm
kg = Kilogramm
l = Liter
cl = Zentiliter
ccm = Kubikzentimeter
ml = Milliliter
TK = Tiefkühlkost

i. Tr. = in der Trockenmasse
% = Prozent
E = Eiweiß
F = Fett
Ch = Cholesterin
KH = Kohlenhydrate
B = Ballaststoffe
kcal = Kilokalorien (Kalorien)
kJ = Kilojoule (Joule)

Spargelsalat mit Erbsen und Shrimps (Rezept Seite 104)

Breie, Müsli & Co.

Bananenmüsli

(Foto Seite 17)

5 EL kernige Haferflocken

1 TL eingeweichte und gut abgetropfte Rosinen

1 kleine Banane · 1 kleiner Apfel

1 TL Zitronensaft · ⅛ l Milch (1,5 % Fett)

1 TL Honig oder Ahornsirup · 3 Haselnußkerne

Die Haferflocken mit den Rosinen mischen. Banane schälen und in feine Scheiben schneiden. Apfel gut waschen und reiben. Alles mit dem Zitronensaft beträufeln und unter die Flocken mischen. Milch mit Honig oder Sirup verquirlen und zum Schluß über das Müsli gießen. Nüsse fein hacken und darüberstreuen.

Das Rezept enthält:
13 g E; 8 g F; 6 mg Ch; 79 g KH; 9 g B; 445 kcal; 1869 kJ

Fünf-Korn-Müsli

3 EL Fünf-Korn-Flocken · 2 EL Hefeflocken · 1 kleiner Apfel
125 g Magerquark · 1/8 l frisch ausgepreßter Orangensaft

Die Flocken miteinander vermischen. Apfel gut waschen, reiben und zufügen. Quark mit Orangensaft verrühren und unter die Flockenmischung geben.

Das Rezept enthält:
24 g E; 6 g F; 1 mg Ch; 64 g KH; 6 g B; 410 kcal; 1722 kJ

Hirseflocken-Müsli

5 EL Hirseflocken · 1 EL kernige Haferflocken
2 EL Cornflakes · 1 TL Pinienkerne
3 getrocknete Aprikosen (ungeschwefelt) · 125 g Magerjoghurt
4 EL Buttermilch · 1 EL Sanddorn-Dicksaft (gesüßt)

Die Flocken mit den Pinienkernen mischen. Aprikosen in feine Streifen schneiden oder würfeln und zufügen. Joghurt mit Buttermilch und Sanddorn verquirlen und über die Flockenmischung ziehen.

Das Rezept enthält:
16 g E; 8 g F; 2 mg Ch; 78 g KH; 4 g B; 430 kcal; 1806 kJ

Weizenkeimmüsli mit Beerenfrüchten

50 g Weizenkeime · 1 EL Hefeflocken
1 EL kernige Haferflocken · 125 g Magerjoghurt
1 EL Zitronensaft · 1 TL Honig oder Ahornsirup
100 g Beerenfrüchte der Saison (Erdbeeren, Himbeeren, Blaubeeren, Brombeeren)

Die Weizenkeime mit den Flocken mischen. Joghurt mit Zitronensaft und Honig verquirlen und darüberziehen. Beeren soweit nötig putzen oder waschen und über das Müsli streuen.

Das Rezept enthält:
23 g E; 7 g F; 0 mg Ch; 41 g KH; 17 g B; 300 kcal; 1260 kJ

Anmerkung:
So bringt man Weizenkörner zum Keimen:
Die Körner – sie sollten aus biologischem Anbau stammen – mit Wasser bedecken und am besten über Nacht stehenlassen. Dann abgießen, gut durchspülen und in ein Weckglas füllen. Mit Küchengaze oder Mull und Gummiring verschließen und umgekehrt, also mit der Öffnung nach unten, so auf einen Holzstiel oder Löffel legen, daß genügend Luft dran kommt und das Wasser gut ablaufen kann. Zweimal am Tag die Körner kräftig mit kaltem Wasser durchspülen, wieder zurück ins Glas und gut ablaufen lassen. So viele Tage wiederholen, bis sich kleine, gelblich-grüne Keime gebildet haben. Für das Weizenmüsli brauchen Sie deshalb etwa 4 Tage Vorbereitungszeit. Die Keime vor dem Verzehr nochmals sehr gut abspülen.

Rhabarbermüsli

250 g Rhabarber · ½ Vanilleschote

1 EL Honig oder Ahornsirup

5 EL Fünf-Korn-Flocken-Mischung

2 EL Cornflakes

Den Rhabarber waschen, putzen und in mundgerechte Stücke schneiden. Mit wenig Wasser und der aufgeschlitzten Vanilleschote 10 Minuten weich dünsten. Vom Herd nehmen, Schote entfernen und das Kompott mit Honig oder Sirup süßen. Abgekühlt mit den Flocken anrichten.

Das Rezept enthält:
6 g E; 5 g F; 0 mg Ch; 57 g KH; 11 g B; 290 kcal; 1218 kJ

Hafermüsli

5 EL kernige Haferflocken · 1 kleiner Apfel oder 1 kleine Birne

2 EL Sanddorn-Dicksaft (gesüßt) · 5 Nüsse nach Wahl

½ TL Instant-Kakaopulver · ⅛ l Milch (1,5 % Fett)

Haferflocken in ein Schälchen geben. Apfel oder Birne dünn schälen, halbieren, entkernen, dann würfeln und zu den Flocken geben. Sanddornsaft und feingehackte Nüsse zufügen. Kakaopulver in der Milch verquirlen und zum Schluß über das Müsli gießen. Sofort essen.

Das Rezept enthält:
14 g E; 11 g F; 6 mg Ch; 58 g KH; 5 g B; 375 kcal; 1575 kJ

Buchweizenmüsli

30 g Buchweizenschrot · 0,1 l Magermilch
1 EL Rosinen (eingeweicht und gut abgetropft)
1 EL Zitronensaft · 1 TL Honig oder Ahornsirup
1 kleiner Apfel

Den Buchweizenschrot in der Milch aufkochen und bei milder Hitze ausquellen lassen. Vom Herd nehmen und kühl stellen. Dann Rosinen, Zitronensaft und Honig unterrühren. Apfel gut waschen, grob raspeln und locker unter das Müsli heben.

Das Rezept enthält:
6 g E; 1 g F; 0 mg Ch; 51 g KH; 4 g B; 260 kcal; 1092 kJ

Anmerkung: Der Buchweizenschrot kann auch sehr gut schon am Abend vorher gekocht werden.

Zwiebackbrei

1/8 l Magermilch · 1/2 Vanillestange
je 1 Stück unbehandelte Orangen- und Zitronenschale
4 Vollkorn-Zwiebäcke · 1 Scheibe Haferknäckebrot

Die Milch mit der aufgeschlitzten Vanilleschote und den Fruchtschalen erhitzen und bei ausgeschalteter Herdplatte 7 Minuten ziehen lassen. Schote und Schale entfernen. Zwiebäcke in einen tiefen Teller geben und mit der Vanillemilch übergießen. Knäkkebrot fein zerbröseln und darüberstreuen.

Das Rezept enthält:
15 g E; 5 g F; 0 mg Ch; 46 g KH; 7 g B; 290 kcal; 1218 kJ

Milchnudelbrei

⅛ l Milch (1,5 % Fett) · ½ Vanilleschote
1 Päckchen Bourbon-Vanillezucker
1 unbehandelte Zitronen- oder Orangenschale
35 g Buchstabennudeln · 125 g Magermilchjoghurt
Saft von 1 Blutorange

Die Milch mit Vanillestange, Vanillezucker und Fruchtschale zum Kochen bringen. Die Nudeln hineinschütten und bei milder Hitze 10 Minuten köcheln lassen. Schote und Schale entfernen. Etwas abkühlen und dann den Joghurt unterschlagen. Mit dem Orangensaft begießen.

Das Rezept enthält:
14 g E; 3 g F; 39 mg Ch; 49 g KH; 1 g B; 280 kcal; 1176 kJ

Weizenschrotbrei mit Rhabarberkompott

60 g Weizenschrot · 250 g Rhabarber · ½ Vanilleschote
1 Päckchen Bourbon-Vanillezucker
1 TL Honig oder Ahornsirup · ¼ l Milch (1,5 % Fett)
1 Prise Salz · 5 Nüsse nach Wahl

Den Weizenschrot mit 6–8 EL Wasser begießen und 1–2 Stunden quellen lassen. Rhabarber waschen, putzen und in mundgerechte Stücke teilen. In wenig Wasser zusammen mit der aufgeschlitzten Vanilleschote und dem Vanillezucker weich dünsten. Vom Herd nehmen, Schote entfernen und das Kompott mit Honig oder Sirup abschmecken. Abkühlen. Weizenschrot mit Milch und Salz aufkochen und bei milder Hitze 20 Minuten ausquellen lassen. Das Kompott auf den Brei geben.

Das Rezept enthält:
17 g E; 7 g F; 12 mg Ch; 68 g KH; 12 g B; 400 kcal; 1680 kJ

Süßer Haferbrei

30 g Hafergrütze oder feine Haferflocken
1/8 l Milch (1,5 % Fett) · 1 Prise Salz
je 1 Stück unbehandelte Zitronen- und Orangenschale
1 TL Honig · 125 g Magerjoghurt · 1 TL Zitronensaft

Die Hafergrütze mit 4 EL Wasser einweichen. Dann mit der Milch, dem Salz und den Fruchtschalen zum Kochen bringen und bei milder Hitze ausquellen lassen. Vom Herd nehmen, Schalen entfernen. Honig mit Joghurt und Zitronensaft verquirlen, unter den Brei mischen oder einfach nur darübergießen.

Das Rezept enthält:
13 g E; 2 g F; 0 mg Ch; 40 g KH; 1 g B; 220 kcal; 924 kJ

Anmerkung: Werden für diesen Brei Haferflocken genommen, diese gleich in die Milch geben und unter Rühren aufkochen.

Pikanter Haferbrei

50 g Hafergrütze oder feine Haferflocken · ¼ l Wasser
1 TL Hefebrühextrakt · 1 EL feingehackte glatte Petersilie
10 g Butter oder Diätmargarine

Die Hafergrütze mit dem Wasser verrühren, kurz quellen lassen, dann zum Kochen bringen. Hefebrühextrakt zufügen und bei milder Hitze garen. Vom Herd nehmen, Petersilie unterrühren und die Butter auf dem heißen Brei zerlaufen lassen.

Das Rezept enthält:
9 g E; 11 g F; 24 mg Ch; 37 g KH; 2 g B; 280 kcal; 1176 kJ

Anmerkung: Werden Haferflocken genommen, dann gleich alles zum Kochen bringen.

Reisbrei mit Apfelkompott

¼ l Magermilch
je 1 Stück unbehandelte Zitronen- und Orangenschale
1 Päckchen Bourbon-Vanillezucker
40 g Rundkorn- oder Milchreis · 1 kleiner Apfel
½ Stange Zimt · 1 EL Zitronensaft · 1 Prise Ingwer

Die Milch mit Fruchtschalen und Vanillezucker zum Kochen bringen. Den Reis hineinschütten und bei milder Hitze ausquellen lassen. Apfel dünn schälen, vierteln, entkernen und in feine Scheibchen schneiden. Mit Zimtstange, Zitronensaft, Ingwer und

5 EL Wasser weich dünsten. Reisbrei vom Herd nehmen, Schalen entfernen. Apfelkompott etwas abkühlen lassen, Zimtstange entfernen und über den Reisbrei ziehen.

Das Rezept enthält:
12 g E; 1 g F; 0 mg Ch; 61 g KH; 4 g B; 300 kcal; 1260 kJ

Tip: Für die eiweißarme Diät statt Milch Wasser nehmen.

Hafergrütze mit Kerbel

30 g mittelfeine Hafergrütze

10 g Butter oder Diätmargarine

1 Prise Salz · 1 EL gehackter Kerbel

2 EL leichte Sahne (12 % Fett)

Die Hafergrütze mit ¼ l Wasser übergießen und über Nacht einweichen. Dann mit ⅛ l Wasser auffüllen, Butter und Salz zufügen und 10 Minuten köcheln lassen. Kurz vor dem Essen Kerbel und Sahne unterrühren.

Das Rezept enthält:
6 g E; 16 g F; 41 mg Ch; 23 g KH; 2 g B; 255 kcal; 1071 kJ

Kalte und warme Suppen

Nudelsuppe mit feiner Einlage

1 kleine Zwiebel · 1 kleine Fenchelknolle

10 g Butter oder Diätmargarine · 1 kleines Lorbeerblatt

1 Msp Safran

$^3/_8$ l Gemüsebrühe (Seite 94) oder aus Hefebrühextrakt hergestellt

100 g Rotbarschfilet · $^1/_4$ Zitrone

30 g Reisnudeln (ersatzweise kleine Muschelnudeln) · Pfeffer

1 Tomate (oder 1 EL Tomatenstückchen aus der Tetrapackung)

1 EL grobgehackte glatte Petersilie

Die Zwiebel abziehen und fein würfeln. Fenchel putzen, waschen und in dünne Scheiben schneiden, Fenchelgrün beiseite legen. Fett erhitzen und das Gemüse darin andünsten. Lorbeer und Safran zufügen und mit der Brühe auffüllen. Bei milder Hitze 10 Minuten köcheln. Fisch in mundgerechte Stücke schneiden, mit Zitronensaft säuern und zusammen mit den Nudeln in die Suppe geben. Garziehen lassen. Mit etwas Pfeffer abschmecken. Tomate häuten (Tip Seite 62), halbieren, entkernen und dann fein würfeln. Zusammen mit der Petersilie auf die fertige Suppe streuen.

Das Rezept enthält:
28 g E; 12 g F; 90 mg Ch; 43 g KH; 7 g B; 350 kcal; 1470 kJ

Minestrone

¼ l fettarme Fleischbrühe (Seite 94 oder aus Instant hergestellt)

100 g Chinakohl · 1 Paket TK-Suppengrün · Muskat

1 TL frisch geriebener Parmesan

Die Brühe zum Kochen bringen. Kohl waschen, putzen und in feine Streifen schneiden. Zusammen mit dem Suppengrün in die Brühe geben. 5 Minuten ziehen lassen. Mit Muskat abschmecken und mit dem Käse bestreuen.

Das Rezept enthält:
9 g E; 4 g F; 4 mg Ch; 6 g KH; 5 g B; 95 kcal; 399 kJ

Selleriecremesuppe

1 kleine Sellerieknolle (ca. 300 g) · 5 EL Magermilch

Muskat · weißer Pfeffer · Salz · ¼ Zitrone

1 TL grobgehackte glatte Petersilie

Den Sellerie waschen, putzen und in reichlich kochendem Salzwasser sehr weich garen. Herausnehmen, schälen, vierteln und im elektrischen Mixer pürieren. Mit der Milch und soviel von dem Selleriekochwasser verrühren, bis eine dickcremige Suppe entsteht. Mit Gewürzen und Zitronensaft abschmecken, mit der Petersilie bestreuen.

Das Rezept enthält:
8 g E; 1 g F; 0 mg Ch; 11 g KH; 8 g B; 95 kcal; 399 kJ

Fenchel-Joghurt-Suppe

1 mittelgroße Fenchelknolle · 1 kleine Petersilienwurzel

1/4 l Gemüsebrühe (Seite 94 oder aus Hefebrühextrakt)

1/2 Bund glatte Petersilie · 100 g Naturjoghurt (3,5 % Fett)

Salz · Pfeffer · 1/4 Zitrone

Fenchel und Petersilienwurzel putzen, waschen und zerkleinern. 1 EL Fenchelstreifen und das Fenchelgrün beiseite legen. Das Gemüse in der Brühe erhitzen und bei milder Hitze 15 Minuten garen. Petersilie waschen, trockenschwenken und die Blättchen von den Stielen zupfen. 5 Minuten vor Garende die Petersilienstengel mit in die Suppe geben. Anschließend alles im elektrischen Mixer pürieren. Joghurt mit dem Schneebesen unterschlagen und mit den Gewürzen abschmecken. Petersilienblättchen und das Fenchelgrün fein schneiden, zusammen mit dem restlichen Fenchel auf die Suppe streuen.

Das Rezept enthält:
13 g E; 4 g F; 11 mg Ch; 24 g KH; 11 g B; 200 kcal; 840 kJ

Frühlingssuppe

1/4 l fettarmer Fond (von Kalb oder Geflügel)

1 Salatherz · 1/4 kleine Salatgurke · 1 EL Zuckerschoten

Salz oder Hefebrühextrakt

etwas frischer Kerbel oder glatte Petersilie

Die Brühe zum Kochen bringen. Salat in feine Streifen schneiden, Gurke schälen und grob raspeln. Zuckerschoten waschen, abfädeln und einmal schräg durchschneiden. Alles in die Brühe geben, 2 Minuten köcheln lassen, abschmecken und mit gehackten Kräutern bestreuen.

Das Rezept enthält:
8 g E; 2 g F; 0 mg Ch; 5 g KH; 4 g B; 80 kcal; 336 kJ

Anmerkung: Wird statt Fleischfond Gemüsebouillon (Seite 94) genommen, ist die Suppe ganz fettfrei.

Brennesselsuppe

1 kleine Kartoffel
¼ l heiße Gemüsebrühe (Seite 94 oder aus Hefebrühextrakt)
10 g Mehlbutter (5 g Butter mit 5 g Mehl vermischt, siehe dazu auch Tip Seite 63)
1 Tasse gewaschene, feingehackte Brennessel
2 EL leichte Sahne (12% Fett) · Salz
1 Spritzer Zitronensaft · 1 Scheibe Weizenvollkorntoastbrot
etwas frischer Kerbel oder glatte Petersilie

Die Kartoffel schälen, waschen und sehr klein würfeln. In der Brühe 10 Minuten köcheln. Mit der Mehlbutter leicht andicken und die Brennesseln zufügen. Mit Sahne abrunden, mit Salz und Zitronensaft abschmecken. Brotscheibe toasten und in einen tiefen Teller legen, mit der heißen Suppe auffüllen und mit gehackten Kräutern bestreuen.

Das Rezept enthält:
9 g E; 10 g F; 17 mg Ch; 24 g KH; 3 g B; 230 kcal; 966 kJ

Rote-Bete-Suppe

200 g rote Bete
1/8 l heiße Gemüsebouillon (Seite 94 oder aus Hefebrühextrakt)
1/4 Zitrone · Pfeffer · Salz · 1 Msp geriebener Meerrettich
1 Msp Honig · etwas frische Zitronenmelisse

Die rote Bete waschen und mit Wasser bedeckt weich kochen. Abgießen, in eiskaltem Wasser abschrecken, schälen, würfeln und pürieren. In die heiße Brühe einrühren. Mit Zitronensaft, Pfeffer, Salz, Meerrettich und Honig abschmecken. Mit der feingeschnittenen Zitronenmelisse bestreuen.

Das Rezept enthält:
5 g E; 0 g F; 0 mg Ch; 11 g KH; 4 g B; 65 kcal; 273 kJ

Tip: Als Verfeinerung können Sie kurz vor dem Servieren 1 EL Sauerrahm auf der Suppe zerlaufen lassen.

Feine Graupensuppe

25 g Perlgraupen · 1/4 l entfettete Fleischbrühe oder Gemüsebouillon (Seite 94 oder aus Instant hergestellt)
1 Bund Suppengrün · 2 EL Magerjoghurt
1 Msp Hefebrühextrakt
1 TL gehackter Kerbel oder glatte Petersilie

Die Graupen in der Brühe zum Kochen bringen. Suppengrün waschen, putzen und klein würfeln. In die Suppe geben und alles bei milder Hitze 25–30 Minuten köcheln lassen. Vom Herd nehmen, Joghurt unterrühren und mit Hefebrühextrakt abschmekken. Zum Schluß mit den gehackten Kräutern bestreuen.

Das Rezept enthält:
10 g E; 2 g F; 0 mg Ch; 23 g KH; 4 g B; 150 kcal; 630 kJ

Anmerkung: Wird die Suppe statt mit Fleisch- mit Gemüsebrühe hergestellt, entfällt der Fettgehalt.

Creme von Petersilienwurzeln

¼ l Magermilch · 250 g Petersilienwurzeln

1 kleine Kartoffel · 1 Bund glatte Petersilie · Muskat

schwarzer Pfeffer · Salz · ¼ Zitrone

Die Milch erhitzen. Petersilienwurzeln und Kartoffel schälen, waschen, kleinschneiden und zufügen. Petersilie waschen, trokkenschwenken, Blättchen von den Stielen zupfen und beiseite legen. Die Stiele mit in die Suppe geben. Bei milder Hitze alles sehr weich kochen. Die Hälfte der Petersilienblättchen zufügen und die Suppe im elektrischen Mixer pürieren. Mit den Gewürzen und etwas Zitronensaft abschmecken. Die restliche Petersilie fein hacken und auf die Suppe streuen.

Das Rezept enthält:
18 g E; 1 g F; 0 mg Ch; 38 g KH; 13 g B; 240 kcal; 1008 kJ

Artischockencremesuppe

(Titelfoto)

1 kleine Topinambur (ersatzweise Kartoffel)

1 mittelgroßer Apfel · 1/8 l Kalbs- oder Geflügelfond

4 Artischockenherzen (naturell, aus dem Glas)

1/4 Zitrone · weißer Pfeffer · Salz

2 EL Naturjoghurt (3,5 % Fett)

1 Artischockenboden (naturell, aus Glas oder Dose)

1 TL grobgehackte glatte Petersilie

Topinambur oder Kartoffel und Apfel dünn schälen. Alles im elektrischen Mixer pürieren. In einen Topf füllen, mit der Brühe aufgießen und unter ständigem Rühren bei milder Hitze 10 Minuten köcheln. Artischockenherzen fein hacken und zufügen. Mit Zitronensaft, Pfeffer und Salz abschmecken. Den Joghurt mit dem Schneebesen unterschlagen. Artischockenboden in feine Streifen schneiden und zusammen mit der Petersilie auf die Suppe streuen.

Das Rezept enthält:
9 g E; 4 g F; 6 mg Ch; 28 g KH; 7 g B; 190 kcal; 798 kJ

Fruchtige Tomatensuppe

250 g Tomatenstückchen (aus der Tetrapackung)

je 1/8 l Aprikosennektar und Kalbsfond (Seite 94)

100 g Naturjoghurt (3,5 % Fett) · 1 Prise Salz

2 getrocknete Aprikosen (ungeschwefelt)

1–2 Stengel Basilikum

Die Tomaten im elektrischen Mixer pürieren, mit Aprikosensaft und Fond verrühren und langsam erhitzen. Vom Herd nehmen, den Joghurt mit dem Schneebesen unterschlagen und abschmekken. Aprikosen in feine Streifen schneiden oder würfeln und zusammen mit dem Basilikum auf die Suppe geben.

Das Rezept enthält:
10 g E; 4 g F; 11 mg Ch; 48 g KH; 5 g B; 290 kcal; 1218 kJ

Eierblumensuppe

1/4 l Geflügelfond (Seite 94) · 1 Msp Hefebrühextrakt

1 Frühlingszwiebel · 1 Ei (Gew.-Kl. 3)

1 TL feingehackte glatte Petersilie

Den Fond mit Hefebrühextrakt erhitzen. Zwiebel waschen, putzen und in hauchdünne Scheiben schneiden, zufügen. Ei verquirlen und mit dem Schneebesen unter die kochende Suppe schlagen. Vom Herd nehmen und mit der Petersilie bestreuen.

Das Rezept enthält:
12 g E; 8 g F; 314 mg Ch; 1 g KH; 1 g B; 130 kcal; 546 kJ

Geschnetzeltes mit Frühlingsgemüse (Rezept Seite 39)

Erbsensuppe mit Räucherlachs

1 kleines Päckchen extrafeine Erbsen (150 g, TK)

1 Päckchen TK-Suppengrün

⅛ l Gemüsebrühe (Seite 94 oder aus Hefebrühextrakt)

1 kleine Pellkartoffel · 125 g Magerjoghurt · Muskat

1 Scheibe geräucherter milder Lachs (30 g)

etwas frischer Kerbel oder glatte Petersilie

Die Erbsen und das Suppengrün in der erhitzten Brühe 5 Minuten ziehen lassen. Kartoffel pellen, zerkleinern und zusammen mit der Suppe im elektrischen Mixer pürieren. Joghurt mit dem Schneebesen unterschlagen und nur noch leicht erwärmen. Mit Muskat abschmecken. Lachs in hauchdünne Streifen schneiden und auf die fertige Suppe geben. Mit gehackten Kräutern bestreuen.

Das Rezept enthält:
24 g E; 5 g F; 12 mg Ch; 32 g KH; 10 g B; 265 kcal; 1113 kJ

Maiscremesuppe

¼ l Geflügel- oder Kalbsfond (Seite 94 oder aus Instant)

½ kleine Dose Maiskörner (ca. 150 g) · 1 Msp Hefebrühextrakt

100 g Naturjoghurt (3,5% Fett)

1 TL grobgehackte glatte Petersilie · 1 frischer Champignon

Den Fond mit den abgetropften Maiskörnern einmal aufkochen und im elektrischen Mixer pürieren. Mit Brühextrakt abschmekken und den Joghurt unterschlagen. Mit der Petersilie bestreuen. Pilz häuten, hauchfein hobeln und auf die Suppe geben.

Das Rezept enthält:
14 g E; 8 g F; 11 mg Ch; 36 g KH; 4 g B; 280 kcal; 1176 kJ

Spargelcremesuppe

350 g Spargelabschnitte · 1 Bund glatte Petersilie
1 Stück unbehandelte Orangenschale
¼ l Gemüsebrühe (Seite 94 oder Instant)
3 EL leichte Sahne (12 % Fett) · Salz · Pfeffer
1 Prise Zucker · 1 TL Schnittlauchröllchen

Die Spargelabschnitte waschen und schälen. Köpfe aussortieren und beiseite legen. Restlichen Spargel zusammen mit dem gewaschenen Petersilienbund und der Orangenschale in der Brühe garen. Petersilie und Fruchtschale entfernen, Spargel mit der Flüssigkeit pürieren und wieder erhitzen. Sahne unterrühren und abschmecken. Spargelköpfe in kochendem Salzwasser 2 Minuten blanchieren, abgießen, abschrecken und auf die Suppe geben. Mit Schnittlauch bestreuen.

Das Rezept enthält:
4 g E; 6 g F; 17 mg Ch; 15 g KH; 6 g B; 150 kcal; 630 kJ

Champignonsuppe

10 g getrocknete Steinpilze · 10 g Butter oder Diätmargarine

1 TL Mehl · 1 kleine Zwiebel · 150 g Champignons

¼ l heiße Gemüsebrühe (Seite 94 oder Instant)

½ Handvoll Kerbel (ersatzweise ½ Bund glatte Petersilie)

3 EL leichte Sahne (12 % Fett) · Salz · Muskat

Die Steinpilze in 5 EL Wasser einweichen. Fett erhitzen, Mehl und die gewürfelte Zwiebel zufügen. Alles unter Rühren kurz anschwitzen und mit den eingeweichten Pilzen ablöschen. Champignons putzen, sehr fein hacken und zugeben, mit der Brühe auffüllen und bei milder Hitze 20 Minuten köcheln. Die Hälfte vom Kerbel zufügen, mit Sahne und Muskat abrunden und mit dem restlichen Kerbel bestreuen.

Das Rezept enthält:
9 g E; 15 g F; 41 mg Ch; 18 g KH; 9 g B; 255 kcal; 1071 kJ

Tip: Wer die Suppe lieber glatt und samtig mag, der kann sie kurz im Mixer pürieren.

Grünkernsuppe

½ l fettarme Fleischbrühe (Seite 94 oder aus Instant)

¼ kleine Sellerieknolle · 1 Petersilienwurzel · 1 kleine Möhre

50 g Grünkern · 1 Msp Hefebrühextrakt

1 EL feingehackte glatte Petersilie · ½ Beet Kresse

Die Fleischbrühe zum Kochen bringen. Das Gemüse waschen, putzen und klein würfeln. Zusammen mit dem Grünkern in die

Brühe geben und bei milder Hitze 50 Minuten köcheln lassen. Mit dem Extrakt, der Petersilie und Kresse abschmecken.

Das Rezept enthält:
24 g E; 6 g F; 0 mg Ch; 48 g KH; 20 g B; 345 kcal; 1449 kJ

Fischsuppe nach Marseiller Art

(Foto Seite 35)

¼ l fettarme Fleischbrühe (Seite 94 oder Instant)

1 kleine, dünne Stange Lauch · 1 kleine Möhre

1 Stange Staudensellerie · 1 Fleischtomate

100 g Seelachs- oder Rotbarschfilet · ½ Zitrone · Salz

1 EL Muschelfleisch (frisch oder aus dem Glas) · Dill

Die Fleischbrühe erhitzen. Das Gemüse waschen, putzen und kleinschneiden. Die Tomate häuten (Tip Seite 62), achteln, entkernen. Das Gemüse, bis auf die Tomaten, in die Brühe geben und bei milder Hitze 20 Minuten köcheln. Fisch mit Zitronensaft beträufeln, leicht salzen und in mundgerechte Stücke teilen. Zusammen mit den Tomaten in die Suppe geben und 7 Minuten ziehen lassen. Muschelfleisch unterheben und nur noch heiß werden lassen. Mit reichlich Dill bestreuen.

Das Rezept enthält:
32 g E; 5 g F; 63 mg Ch; 21 g KH; 12 g B; 250 kcal; 1050 kJ

Tip: Diese Suppe ergibt zusammen mit gebuttertem Baguette ein Hauptgericht. Wer wenig Zeit hat, kann sich solche Fischsuppe auch aus der Tiefkühltruhe holen, denn es gibt sie genauso zu kaufen.

Fleischbrüh-Fond

1 kg verschiedene Knochen (Kalb, Rind, Geflügel)

2 Bund Suppengrün · 1 Lorbeerblatt · 1 TL getrockneter Kerbel

10 Pfefferkörner (schwarz und weiß)

3 Stengel glatte Petersilie · 1 Zweig Thymian

Die Knochen kurz abspülen. Mit 2–3 l kaltem Wasser in einen großen Topf geben. Das geputzte Suppengrün, die Gewürze und Kräuter zufügen und alles einmal aufkochen. Abschäumen und bei milder Hitze 3 Stunden offen köcheln lassen. Durch ein Sieb abgießen und den gewonnenen Fond portionsweise einfrieren. So haben Sie immer einen Vorrat für Suppen und Saucen.

1/4 l enthält:
5 g E; 2 g F; 5 mg Ch; 0 g KH; 0 g B; 40 kcal; 168 kJ

Gemüsebrüh-Fond (Gemüsebouillon)

1 kg verschiedene Gemüsesorten (Sellerie, Möhren, Petersilienwurzeln, Tomaten, Wirsing, Kohlrabi, Chinakohl, Lauch, Pilze)

1 EL Hefebrühextrakt

etwas frisches oder getrocknetes Bohnenkraut

1 Zweig Thymian, etwas Majoran, Kerbel und Koriandergrün oder glatte Petersilie

Die Gemüse waschen, putzen und zerkleinern. Zusammen mit dem Extrakt und den Kräutern in 2 l kaltem Wasser ansetzen. Zum Kochen bringen und bei milder Hitze dann 45 Minuten köcheln lassen. Durch ein feines Haarsieb streichen, dabei das Gemüse sehr gut auspressen. In Portionen einfrieren.

¼ l enthält:
1 g E; 0 g F; 0 mg Ch; 9 g KH; 0 g B; 27 kcal; 113 kJ

Buttermilchkaltschale

1 unbehandelte Orange · ⅛ l Magermilch
1 Tütchen Bourbon-Vanillezucker
1 gestrichener EL Speisestärke oder Vanillepuddingpulver
⅛ l gekühlte Buttermilch · 1 EL Suppenmakronen

Die Orange heiß abspülen, trockenreiben und dünn abschälen. Schale mit der Milch und dem Vanillezucker zum Kochen bringen und bei milder Hitze 5 Minuten ziehen lassen. Schale entfernen. Stärke mit 1 TL Wasser anrühren und unter die kochende Milch rühren. Einmal aufkochen und vom Herd nehmen. Die Orange auspressen. Den Saft mit der Buttermilch verschlagen und unter die abgekühlte Milch rühren. Mit den Suppenmakronen bestreuen.

Das Rezept enthält:
9 g E; 3 g F; 5 mg Ch; 41 g KH; 1 g B; 225 kcal; 945 kJ

Puddingsuppe

¼ l Magermilch · 1 unbehandelte Zitronenschale
1 Tütchen Bourbon-Vanillezucker · 1 Tüte Vanillesaucenpulver
100 g Naturjoghurt (3,5 % Fett) · 1 TL Honig · 1 Saftorange

Die Milch mit Zitronenschale und Vanillezucker aufkochen. Das Saucenpulver nach Packungsanweisung anrühren und zufügen. Einmal aufkochen und vom Herd nehmen. Schale entfernen. Joghurt mit dem Schneebesen unterschlagen, mit Honig süßen. Zum Schluß mit dem Orangensaft übergießen.

Das Rezept enthält:
12 g E; 4 g F; 11 mg Ch; 53 g KH; 0 g B; 300 kcal; 1260 kJ

Erdbeerkaltschale

¼ l Buttermilch · 125 g Magerjoghurt · ½ Vanilleschote
½ Tütchen Bourbon-Vanillezucker · 200 g Erdbeeren
¼ Zitrone · 1 EL Puderzucker · 2 EL Cornflakes

Buttermilch mit Joghurt verschlagen. Vanilleschote der Länge nach aufschneiden, das Mark herausschaben und zusammen mit dem Vanillezucker unter die Milch rühren. Erdbeeren putzen und halbieren. 2 EL davon beiseite legen, die restlichen zusammen mit Zitronensaft und Puderzucker pürieren. Unter die Milch schlagen. Mit restlichen Erdbeeren und Cornflakes anrichten.

Das Rezept enthält:
15 g E; 2 g F; 10 mg Ch; 51 g KH; 4 g B; 290 kcal; 1218 kJ

Zitronenkaltschale mit Schneeklößchen

1 unbehandelte Zitrone · 2 EL Zucker

1 TL Speisestärke oder Vanillesaucenpulver (dann wird die Suppe schön gelb)

½ Eiweiß (Gew.-Kl. 3, siehe dazu auch Tip auf Seite 62)

1 Msp Bourbon-Vanillezucker · etwas Zimt

Die Zitrone kurz heiß abspülen und trockenreiben. Dann dünn abschälen und die Schale in ¼ l Wasser zum Kochen bringen. Durchsieben, den Zucker zufügen und wieder erhitzen. Stärke mit etwas kaltem Wasser anrühren und das Wasser damit andicken. Einmal aufkochen lassen, vom Herd nehmen und den ausgepreßten Zitronensaft unterrühren. Abschmecken, eventuell nachsüßen. Kalt stellen. Das Eiweiß mit dem Vanillezucker sehr steif schlagen, mit zwei Teelöffeln kleine Nockerl abstechen und auf die Suppe setzen. Zart mit Zimt bestäuben.

Das Rezept enthält:
2 g E; 0 g F; 0 mg Ch; 33 g KH; 0 g B; 140 kcal; 588 kJ

Salate

Fruchtiger Eisbergsalat

¼ kleiner Eisbergsalat · ½ kleine Mango · 100 g Erdbeeren
125 g Magerjoghurt · 1 TL Zitronensaft
2 EL leichte Sahne (12 % Fett) · Salz · Zucker
je ½ Bund Dill und glatte Petersilie

Den Salat putzen, waschen, trockenschwenken und in mundgerechte Stücke zerpflücken. Mango schälen und scheibchenweise vom Kern abschneiden. Erdbeeren putzen und halbieren, alles zum Salat geben. Joghurt mit Zitronensaft und Sahne verquirlen. Mit Salz, einer Prise Zucker und den feingehackten Kräutern abschmecken, über die Salatzutaten ziehen und vorsichtig mischen.

Das Rezept enthält:
11 g E; 6 g F; 17 mg Ch; 33 g KH; 8 g B; 245 kcal; 1029 kJ

Tip: Die restliche Mango kann gleich zu einem köstlichen Dessert verarbeitet werden (Seite 217) oder einfach pürieren und mit Eischnee vermischen.

Senfgurkensalat

200 g Senfgurken (aus dem Glas)

je 50 g magerer gekochter Schinken (ohne Fettrand) und Emmentaler

125 g Magerjoghurt · 1 TL Tomatenmark · ½ Bund Dill

Die Gurken abgießen – Saft auffangen – und in mundgerechte Stücke schneiden. Schinken und Käse in Streifen teilen und mit den Gurken mischen. Joghurt mit 2 EL von der Gurkenflüssigkeit und dem Tomatenmark verrühren, über die Salatzutaten ziehen und gut durchmischen. Mit feingeschnittenem Dill bestreuen.

Das Rezept enthält:
31 g E; 22 g F; 101 mg Ch; 14 g KH; 1 g B; 370 kcal; 1554 kJ

Kohlrabi-Carpaccio

1 junger, zarter Kohlrabi · 5 Radieschen · 1 EL Kürbiskernöl

1 TL Zitronensaft · etwas weißer Pfeffer · 1 Beet Kresse

1 EL frisch gehobelter Parmesan

Den Kohlrabi schälen, die zarten Blättchen fein schneiden und beiseite legen. Radieschen waschen und putzen. Beides auf der Rohkostreibe hauchdünn hobeln. Auf einem Teller anrichten. Öl mit Zitronensaft verrühren und darüberträufeln, hauchzart mit Pfeffer bestäuben. Mit der Kresse und dem Kohlrabigrün garnieren, zum Schluß den Parmesan darüber verteilen.

Das Rezept enthält:
9 g E; 11 g F; 7 mg Ch; 13 g KH; 3 g B; 180 kcal; 756 kJ

Kräuter-Zungen-Salat

50 g gekochte Zunge

1 kleine Gewürz- oder Senfgurke · ½ kleiner Apfel

je ½ Bund Dill, glatte Petersilie und Schnittlauch

1 kleiner Kopf Radicchio · 1 EL Kürbiskernöl · 1 EL Apfelessig

Salz · Zucker · 1 Msp geriebener Meerrettich

Die Zunge in feine Streifen schneiden. Gurke und ungeschälten Apfel ebenfalls. Die Kräuter waschen, trockenschwenken und kleinschneiden, zufügen. Radicchio putzen, waschen und in mundgerechte Stücke zerpflücken, zugeben und alles vermischen. Öl mit Essig, je einer Prise Salz und Zucker sowie dem Meerrettich verrühren und über den Salat träufeln. Nochmals gut durchmischen.

Das Rezept enthält:
11 g E; 16 g F; 54 mg Ch; 10 g KH; 4 g B; 230 kcal; 966 kJ

Bunter Gemüsesalat

200 g Blumenkohl · 2 EL extrafeine Erbsen

1 Fleischtomate · 2 EL Maiskörner (aus der Dose)

100 g Sojabohnensprossen (kann man selber ziehen wie Weizenkeime, siehe Seite 74)

2 EL natives Olivenöl extra · 1 EL helle Sojasauce

1 EL Zitronensaft · 1 Msp Honig · ½ Bund glatte Petersilie

Den Blumenkohl in kleine Röschen aufteilen und diese in kochendem Salzwasser 10 Minuten kochen, abgießen und in eiskaltem Wasser abschrecken. Erbsen 3 Minuten blanchieren (Tip Seite 60), Tomate häuten (Tip Seite 62) und das Fruchtfleisch würfeln. Alles zusammen mit abgetropftem Mais und gut abgespülten Sojabohnensprossen vermischen. Aus den restlichen Zutaten — bis auf die Petersilie — eine pikant abgeschmeckte Marinade rühren und über den Salat ziehen. Petersilie waschen, Blättchen von den Stielen zupfen und grob hacken, unter den Salat mischen.

Das Rezept enthält:
15 g E; 19 g F; 0 mg Ch; 39 g KH; 15 g B; 365 kcal; 1533 kJ

Chicorée-Apfel-Salat

(Foto Seite 53)

1 dicke Staude Chicorée · 1 Apfel

50 g Geflügelwurst »Mortadella Art« · 125 g Magerjoghurt

1 TL Kürbiskernöl · 1 EL Zitronensaft · Salz · 1 TL Honig

Den Chicorée putzen, waschen und in mundgerechte Stücke teilen. Apfel gut waschen, vierteln, entkernen und in fingerdicke Stücke teilen. Wurst streifig schneiden. Alles miteinander vermischen. Joghurt mit Öl, Zitronensaft, einer Prise Salz und Honig verrühren und den Salat damit anmachen.

Das Rezept enthält:
17 g E; 11 g F; 0 mg Ch; 30 g KH; 5 g B; 270 kcal; 1134 kJ

Tomatensalat mit Basilikum

10 Kirschtomaten (oder 1 Fleischtomate) · ½ Bund Basilikum
1 EL Kürbiskern- oder Walnußöl · Salz · Pfeffer

Die Tomaten waschen, entstielen und halbieren. Basilikum waschen, trockenschwenken und die Blätter in feine Streifen schneiden. Zusammen mit den Tomaten auf einem Tellerchen anrichten. Mit dem Öl beträufeln, zart mit Salz und Pfeffer bestreuen.

Das Rezept enthält:
2 g E; 8 g F; 0 mg Ch; 6 g KH; 3 g B; 100 kcal; 420 kJ

Artischockensalat mit Shrimps

3 Artischockenherzen (frisch gekocht oder naturell aus dem Glas)
100 g Salatgurke · 50 g Tiefsee-Garnelen (geschält, TK)
1 TL Zitronensaft · 1 EL natives Olivenöl extra
Salz · Pfeffer · ½ Bund Dill

Die Artischockenherzen halbieren. Gurke schälen und würfeln. Zusammen mit den aufgetauten Garnelen vermischen. Zitronensaft mit dem Öl, je einer Prise Salz und Pfeffer verrühren und über den Salat träufeln. Zum Schluß mit feingeschnittenem Dill bestreuen.

Das Rezept enthält:
13 g E; 9 g F; 69 mg Ch; 18 g KH; 4 g B; 205 kcal; 861 kJ

Artischockensalat mit Sellerie

¼ kleine Salatgurke
4 Artischockenböden (frisch gekocht oder naturell aus dem Glas)
2 EL gekochte Selleriewürfel · 1 TL Walnußöl
Saft von ½ Zitrone · je 1 Prise Salz und Zucker
1 TL feingehackte glatte Petersilie

Die Gurke schälen und würfeln. Artischocken vierteln. Alles zusammen mit den Selleriewürfeln mischen. Aus den restlichen Zutaten eine Marinade rühren und den Salat damit beträufeln.

Das Rezept enthält:
4 g E; 5 g F; 0 mg Ch; 16 g KH; 8 g B; 130 kcal; 546 kJ

Salat mit Apfeldressing

½ kleiner Kopfsalat oder ¼ Eisbergsalat
1 EL Walnußöl · 1 TL Zitronensaft · 1 EL Apfeldicksaft
je 1 Prise Salz und Zucker · Dill

Salat waschen, putzen und in mundgerechte Stücke zerpflücken. Aus den restlichen Zutaten eine Marinade rühren und über den Salat ziehen, mit Dill bestreuen.

Das Rezept enthält:
2 g E; 8 g F; 0 mg Ch; 11 g KH; 3 g B; 125 kcal; 525 kJ

Spargelsalat mit Erbsen und Shrimps

(Foto Seite 71)

½ kleiner Kopfsalat · 100 g extrafeine Erbsen
100 g Spargelköpfe · ½ Bund glatte Petersilie
50 g Tiefsee-Garnelen (frisch oder TK, gekocht und geschält)
1 EL Distelöl · 1 TL Balsamico-Essig · 1 Msp Senf
je 1 Prise Zucker und Salz

Salat putzen, waschen und gut abtropfen lassen. Die Erbsen in etwas kochendem Salzwasser garen, abgießen und gleich in Eiswasser abschrecken, so bleibt ihre schöne grüne Farbe erhalten. Spargelköpfe soweit nötig schälen und ebenfalls in etwas Salzwasser garen. Petersilie waschen, trockenschwenken und die Blättchen von den Stielen zupfen. Einen Teller mit den Salatblättern auslegen. Darauf Erbsen, Spargel und die Shrimps geben, die Petersilie untermischen und mit einer Marinade aus den restlichen Zutaten beträufeln.

Das Rezept enthält:
18 g E; 9 g F; 69 mg Ch; 13 g KH; 7 g B; 210 kcal; 882 kJ

Brokkolisalat mit Sesam

250 g Brokkoli · 1 EL Walnuß- oder Kürbiskernöl

1 TL Balsamico-Essig · Salz · 1 Prise Zucker

1 EL Sesamsamen

Den Brokkoli waschen. Die Stiele schälen und in dünne Scheiben schneiden, den Kohl in Röschen aufteilen. Alles 3 Minuten blanchieren (Tip Seite 60). Gut abgetropft in eine Schüssel geben. Öl mit Essig und den Gewürzen verrühren und darüberträufeln. Sesam in einer beschichteten Pfanne unter Rühren goldgelb rösten und über den Salat streuen.

Das Rezept enthält:
11 g E; 13 g F; 0 mg Ch; 8 g KH; 9 g B; 185 kcal; 777 kJ

Spinatsalat

1 Handvoll blanchierte Spinatblätter (siehe Tip Seite 60)

1 kleine Möhre · 2 Blätter Endiviensalat

1 Beet Kresse · 1 Saftorange · 1 EL Kürbiskern- oder Walnußöl

1 TL Honig · Salz

Spinat auf einem Sieb gut abtropfen lassen. Möhre schälen, waschen und fein raspeln. Endivienblätter waschen, abtropfen und in breite Streifen schneiden. Kresse abspülen. Alles miteinander vermischen. Den ausgepreßten Orangensaft mit Öl, Honig und einer Prise Salz verrühren, über den Salat geben und locker mischen.

Das Rezept enthält:
6 g E; 9 g F; 0 mg Ch; 22 g KH; 7 g B; 185 kcal; 777 kJ

Buchweizen-Sellerie-Salat

50 g Buchweizen (ganze Körner) · ½ kleine Sellerieknolle
Salz · 1 Clementine oder Mandarine (kernlos)
50 g gekochtes Hühnerfleisch · 1 EL Apfelessig
1 TL Zitronensaft · 1 EL Honig · 1 EL Walnußöl
2 EL Magerjoghurt · ½ Bund glatte Petersilie · Salz

Den Buchweizen mit Wasser bedeckt 15 Minuten kochen, abgießen, gut abtropfen lassen und in einer beschichteten Pfanne unter ständigem Rühren trocknen. Vom Herd nehmen und abkühlen lassen. Sellerie putzen, dabei besonders zarte Blätter abzupfen und beiseite legen. Sellerie schälen, waschen und in feine Streifen hobeln bzw. schneiden. Mit kochendem Wasser übergießen. 1 bis 2 Minuten ziehen lassen, dann in Eiswasser abschrecken. Gut abtropfen lassen. Mandarine schälen und in Segmente zerlegen. Hühnerfleisch in Streifen schneiden. Alles unter den Buchweizen mischen. Essig, Zitronensaft, Honig und Öl mit dem Joghurt verrühren. Petersilie waschen, trockenschwenken und fein hacken, zufügen, eventuell noch mit etwas Salz abschmecken, den Salat damit anmachen. Mit gehacktem Selleriegrün bestreuen.

Das Rezept enthält:
23 g E; 10 g F; 30 mg Ch; 66 g KH; 12 g B; 450 kcal; 1890 kJ

Ossobuco (Rezept Seite 145)

Gemischter Salat

½ kleiner Kopfsalat · 50 g Feldsalat · 50 g Salatgurke

½ Bund Radieschen · 1 Stange Staudensellerie

je 1 TL Kürbiskern- oder Distelöl · 1 EL Zitronensaft

1 Msp geriebener Meerrettich · je 1 Prise Salz und Zucker

Die Salate putzen, waschen und gut abtropfen lassen. Gurke schälen, Radieschen putzen und waschen, alles in feine Scheiben hobeln. Sellerie putzen, waschen und in dünne Halbmonde schneiden. Alles miteinander vermischen. Aus den restlichen Zutaten eine Marinade rühren und den Salat damit anmachen.

Das Rezept enthält:
6 g E; 10 g F; 0 mg Ch; 11 g KH; 7 g B; 150 kcal; 630 kJ

Bohnen-Thunfisch-Salat

125 g grüne Bohnen · etwas Bohnenkraut · Salz

1 kleine Dose Thunfisch (naturell, in Wasser eingelegt, ca. 80 g Abtropfgewicht)

1 kleine rote Zwiebel

je 1 EL Kürbiskern- oder Walnußöl und Distelöl

1 TL Balsamico-Essig · je 1 Prise Salz und Zucker

Die Bohnen waschen, putzen und zusammen mit dem Bohnenkraut in wenig kochendem Salzwasser garen. Abgießen, in Eiswasser abschrecken und gut abtropfen lassen, einmal durchschneiden. Thunfisch abtropfen und etwas zerpflücken, mit den Bohnen mischen. Zwiebel abziehen und in Ringe schneiden, zufügen. Mit einer Marinade aus den restlichen Zutaten übergießen.

Das Rezept enthält:
22 g E; 25 g F; 25 mg Ch; 8 g KH; 4 g B; 365 kcal; 1533 kJ

Radicchiosalat mit Kürbis

150 g Kürbis · ½ TL geriebene Ingwerwurzel
¼ Zimtstange · 1 Gewürznelke · 1 TL Honig
2 EL Estragon- oder Apfelessig · 1 kleiner Kopf Radicchio
1 Beet Kresse
1 Handvoll Alfalfasprossen (Luzerne, kann man selber ziehen wie Weizenkeime, siehe Seite 74)
1 EL Walnuß- oder Kürbiskernöl · 1 Prise Salz

Den Kürbis schälen und auf einer Reibe roh raspeln. Ingwer, Zimt, Nelke und Honig mit dem Essig verrühren. 1–2 EL Wasser zufügen, einmal aufkochen und über den Kürbis gießen. Zugedeckt 15 Minuten ziehen lassen. Radicchio putzen, waschen und in mundgerechte Stücke schneiden. Kresse und Alfalfa kurz abspülen. Kürbis abgießen, Sud auffangen. Zimt und Nelke entfernen. Alle Salatzutaten mischen. Den Kürbissud mit Öl und Salz verrühren und den Salat damit anmachen.

Das Rezept enthält:
6 g E; 9 g F; 0 mg Ch; 18 g KH; 4 g B; 160 kcal; 672 kJ

Roastbeefsalat

4 Scheiben Roastbeefaufschnitt · 1 Cornichon
1 Tomate · ½ kleine gelbe Paprikaschote · 1 EL Distelöl
1 TL Balsamico-Essig · ½ TL Senf
1 Msp geriebener Meerrettich · je 1 Prise Salz und Zucker
1 Beet Kresse

Das Fleisch in feine Streifen schneiden. Cornichon würfeln. Tomate häuten (Tip Seite 62), entkernen und in feine Streifen schneiden. Paprika putzen, waschen und würfeln. Alle Salatzutaten mischen und mit einer Marinade aus den restlichen 6 Zutaten anmachen. Zum Schluß die Kresse darauf verteilen.

Das Rezept enthält:
13 g E; 25 g F; 0 mg Ch; 10 g KH; 5 g B; 305 kcal; 1281 kJ

Möhren-Apfel-Rohkost

1 mittelgroße Möhre · 1 kleiner Apfel · ½ Zitrone
½ Orange · 1 TL Walnußöl · 1 Prise Salz · 1 TL Honig
1 Zweiglein Basilikum

Die Möhre waschen, schälen und fein raspeln. Apfel gut waschen und ebenfalls reiben. Mit den Möhren vermengen. Zitrone und Orange auspressen. Saft mit Öl, Salz und Honig verrühren und über die Rohkost gießen, gut mischen und mit dem Basilikum garnieren. Sofort essen.

Das Rezept enthält:
3 g E; 6 g F; 0 mg Ch; 34 g KH; 11 g B; 205 kcal; 861 kJ

Wurstsalat

100 g Putenwurst (Lyoner Art) · 4 Frühlingszwiebeln
1 Fleischtomate · 2 EL natives Olivenöl extra
1 TL Zitronensaft · Pfeffer · Salz · ½ Bund Basilikum

Die Putenwurst in hauchdünne Scheiben aufschneiden, diese dann halbieren und auf einem Teller auslegen. Zwiebeln putzen, waschen, in sehr dünne Ringe schneiden und auf die Wurst streuen. Tomate häuten (Tip Seite 62) und entkernen, das Fruchtfleisch würfeln und zufügen. Öl mit Zitronensaft, etwas Pfeffer und Salz verrühren und über den Salat träufeln. Basilikum waschen, trokkenschwenken, Blättchen in Streifen schneiden und zum Schluß auf dem Salat verteilen.

Das Rezept enthält:
20 g E; 21 g F; 0 mg Ch; 16 g KH; 7 g B; 330 kcal; 1386 kJ

Schwarzwurzelsalat

2 EL Essig · 1 EL Mehl (Type 405) · 350 g Schwarzwurzeln
2 kleine, feste Tomaten · 3 Eisbergsalatblätter
1 TL Balsamico-Essig · Pfeffer · Salz · ½ Bund Petersilie
2 EL natives Olivenöl extra · 10 g Parmesan (im Stück)

Essig und Mehl zusammen in eine Schüssel geben und mit 1 l Wasser verrühren. Schwarzwurzeln waschen, gut abbürsten und schälen. In mundgerechte Stücke schneiden und sofort in das Essig-Mehl-Wasser legen, damit sie sich nicht dunkel verfärben. Tomaten häuten (Tip Seite 62) und entkernen, das Fruchtfleisch in breite Streifen schneiden. Salatblätter waschen, trockenschwenken und in mundgerechte Stücke pflücken. Abgetropfte Schwarzwurzeln in sehr feine Scheiben hobeln und mit Essig, Pfeffer, Salz, Petersilienblättchen und Öl anmachen. Tomaten und Salat untermischen. Zum Schluß den Parmesan hauchdünn darüberhobeln.

Das Rezept enthält:
12 g E; 21 g F; 7 mg Ch; 18 g KH; 60 g B; 295 kcal; 1239 kJ

Kartoffelsalat mit Kabeljau

200 g festkochende Kartoffeln

100 g gedünstetes Kabeljaufilet (noch warm aus dem Sud)*

1 kleine rote Zwiebel · ½ Bund glatte Petersilie

etwas frischer Kerbel · ½ Zitrone · 2 EL Distelöl

Salz · Pfeffer · 1 Prise Zucker

Die Kartoffeln kochen, pellen und in feine Scheiben schneiden. Kabeljau in mundgerechte Stücke teilen. Zwiebel abziehen, Kräuter waschen, beides sehr fein hacken. Zitronensaft mit Öl, einer Prise Salz, Pfeffer und Zucker verrühren, die Zwiebel-Kräuter-Mischung unterrühren und mit 2–3 EL von dem Fischsud verlängern, den Salat damit anmachen und gut durchmengen.

Das Rezept enthält:
22 g E; 16 g F; 30 mg Ch; 37 g KH; 6 g B; 380 kcal; 1596 kJ

* *Für den Fischsud:* ¼ l Gemüsebrühe (Reformhaus) mit Dill, Pfefferkörnern, 1 Lorbeerblatt und 2 Nelken würzen.

Kräuter-Kartoffel-Salat

200 g festkochende Kartoffeln

½ kleiner Apfel · ½ Zitrone · 1 Gewürzgurke

1 kleine Zwiebel

je ½ Bund glatte Petersilie, Dill und Schnittlauch

125 g Magerjoghurt · Salz · 1 Prise Zucker

1 Msp Senf · 1 Msp geriebener Meerrettich

3 Tropfen Balsamico-Essig · 1 TL Kürbiskernöl

Die Kartoffeln kochen, pellen und in Scheiben schneiden. Apfel gut waschen, halbieren, entkernen, dann in feine Scheibchen schneiden. Gleich mit etwas Zitronensaft beträufeln, damit sie sich nicht verfärben. Gurke in dünne Scheiben teilen. Zwiebel abziehen und in Ringe hobeln. Kräuter waschen, trockenschwenken und fein schneiden. Alle Salatzutaten mischen und mit einer Marinade aus den restlichen Zutaten anmachen.

Das Rezept enthält:
11 g E; 6 g F; 0 mg Ch; 52 g KH; 9 g B; 305 kcal; 1281 kJ

Couscous-Salat

35 g Hirse · 1 TL natives Olivenöl extra
1 kleine Zwiebel · 1 Päckchen TK-Suppengrün
1/8 l Gemüsebrühe (Seite 94) oder Hefebrühextrakt
1/2 kleine gelbe Paprikaschote · 1 Stange Staudensellerie
2 EL extrafeine TK-Erbsen · 1 kleine Staude Chicorée
1 EL Zitronensaft · 1 TL Walnuß- oder Kürbiskernöl
1 EL helle Sojasauce oder Hefebrühextrakt
1/2 Bund glatte Petersilie

Die Hirse kurz abspülen. Öl erhitzen. Zwiebel abziehen und fein würfeln. Hirse und Zwiebeln ins Fett geben und kurz andünsten. Suppengrün zufügen und mit der Brühe aufgießen. Bei milder Hitze ausquellen lassen. Vom Herd nehmen und kühl stellen. Paprikaschote je nach Verträglichkeit häuten (Tip Seite 62) und fein würfeln. Sellerie putzen, waschen und würfeln. Erbsen nach Packungsanweisung garen, in Eiswasser abschrecken. Das Gemüse unter die Hirse heben. Chicorée putzen, waschen und in mundgerechte Stücke schneiden. Auf einem Teller ausbreiten und den Hirsesalat daraufhäufen. Zitronensaft mit Öl und Gewürzen verrühren und darüberträufeln. Mit gehackter Petersilie bestreuen.

Das Rezept enthält:
10 g E; 11 g F; 0 mg Ch; 47 g KH; 14 g B; 345 kcal; 1449 kJ

Artischockensalat mit Sprossen

Je 2 Artischockenherzen und -böden (entweder frisch gekocht oder naturell aus dem Glas)

1 kleiner Apfel · ½ Zitrone · ½ Orange

je 1 Prise Salz und Zucker · 1 TL Kürbiskernöl

½ Bund Basilikum

2 EL Sprossen (Alfalfa, Rettich, Radieschen, zum Selberziehen siehe Seite 74)

Die Artischocken jeweils halbieren. Apfel gut waschen, vierteln, entkernen und in dicke Scheiben teilen, mit den Artischocken mischen. Zitrone und Orange auspressen. Säfte mischen und mit Salz, Zucker und Öl verrühren. Basilikum waschen, trockenschwenken und in feine Streifen schneiden. Sprossen kurz abspülen, alles zu der Artischockenmischung geben und mit der Marinade übergießen.

Das Rezept enthält:
3 g E; 5 g F; 0 mg Ch; 35 g KH; 5 g B; 210 kcal; 882 kJ

Snacks für den kleinen Hunger

Tomate mit Thunfischfüllung

1 Fleischtomate · Pfeffer · Salz · 100 g Magerquark
50 g Thunfisch (naturell, in Wasser eingelegt)
1 TL Kürbiskernöl · 1 Cornichon · ½ TL extrafeine Kapern
1 TL sehr feingehackte glatte Petersilie

Die Tomate waschen und den Blütenstielansatz entfernen. Einen Deckel abschneiden und die Tomate vorsichtig aushöhlen. Mit etwas Pfeffer und Salz ausstreuen und umgedreht, also mit der Öffnung nach unten, auf einem Drahtsieb abtropfen lassen. Das ausgehöhlte Fruchtfleisch unter den Quark rühren. Thunfisch zerpflücken und zusammen mit dem Öl zufügen. Alles glatt verrühren. Cornichon fein hacken, mit Kapern und Petersilie unter den Quark geben. Abschmecken und in die Tomate füllen. Deckel wieder aufsetzen.

Das Rezept enthält:
26 g E; 12 g F; 17 mg Ch; 14 g KH; 6 g B; 275 kcal; 1155 kJ

Gefüllte Gurkentürmchen

200 g Salatgurke · einige frisch gewaschene Salatblätter
1 Ei (Gew.-Kl. 3) · 2 EL Magermilch · 1 Prise Muskat · Salz
½ TL feingehackte glatte Petersilie · 2 Dillzweige

Die Gurke schälen und in zwei gleiche Teile schneiden. Jeweils soweit aushöhlen, daß nur noch ein ganz dünner Boden und ein 1 cm breiter Rand bleibt. Auf die Salatblätter setzen. Ei mit Milch, Muskat, einer Prise Salz und den Kräutern verquirlen. In einer beschichteten Pfanne bei milder Hitze stocken lassen. In die Gurken füllen und mit Dill garnieren.

Das Rezept enthält:
10 g E; 7 g F; 314 mg Ch; 8 g KH; 2 g B; 130 kcal; 546 kJ

Toast mit Crabmeatcreme

60 g Champignons · ½ Zitrone · ½ Lorbeerblatt
1 Tropfen Maggi oder dunkle Sojasauce
2 Artischockenherzen (frisch gekocht oder naturell aus dem Glas)
50 g Crabmeat (Krebsfleisch aus der Dose), ersatzweise Nordseekrabbenfleisch
2 EL Joghurtsalatcreme (30 % Fett) · etwas frischer Estragon
1 Scheibe Weizenvollkorntoastbrot · 1 Dillzweig

Champignons putzen und mit 2 EL Wasser, dem ausgepreßten Zitronensaft, Lorbeer und Maggi aufkochen und bei milder Hitze 5 Minuten köcheln. Vom Herd nehmen und im Sud erkalten lassen. Abgießen – den Sud auffangen – und fein hacken. Artischocken und Crabmeat ebenfalls fein hacken und alles mit der Salatcreme verrühren. Mit ein wenig Pilzkochfond und feingeschnittenem Estragon abschmecken. Brot toasten, mit der Creme bestreichen, diagonal durchschneiden und mit Dill garnieren.

Das Rezept enthält:
11 g E; 12 g F; 12 mg Ch; 20 g KH; 9 g B; 260 kcal; 1092 kJ

Artischocken-Crêpe

1/8 l Magermilch

2 EL Weizenvollkornmehl (oder Type 1050)

1 Ei (Gew.-Kl. 3) · Salz · 2–4 EL Mineralwasser

1 TL natives Olivenöl extra

4 Artischockenherzen (frisch gekocht oder naturell aus dem Glas)

1 gewässerte Sardelle

Die Milch mit Mehl, Ei, einer Prise Salz und Mineralwasser verquirlen und 15 Minuten quellen lassen. Ist der Teig zu dick, noch etwas Mineralwasser zufügen. Eine beschichtete Pfanne mit dem Öl auspinseln und stark erhitzen. Den Teig einfüllen, glattstreichen und bei milder Hitze stocken lassen. Artischocken längs halbieren und auf dem Crêpe verteilen, umdrehen und goldgelb backen. Sardelle sehr fein hacken und zum Schluß auf die Artischockenseite streuen.

Das Rezept enthält:
18 g E; 14 g F; 326 mg Ch; 26 g KH; 14 g B; 335 kcal; 1407 kJ

Apfelreis mit Schinken

1 mittelgroßer Apfel · ½ Zitrone

½ Tasse gekochter Reis (Vollkorn oder parboiled)

50 g magerer gekochter Schinken (ohne Fettrand)

1 TL grobgehackte glatte Petersilie · 1 Prise Curry

Den Apfel schälen, vierteln, entkernen und dann würfeln. Mit etwas Zitronensaft beträufeln. Unter den gekochten Reis mischen. Schinken würfeln oder in feine Streifen schneiden und zusammen mit der Petersilie zufügen. Mit Curry abschmecken.

Das Rezept enthält:
13 g E; 8 g F; 43 mg Ch; 37 g KH; 4 g B; 275 kcal; 1155 kJ

Rührei mit Schnittlauch auf Vollkornbrot

1 Ei (Gew.-Kl. 3) · 3 EL Magermilch · Salz

Muskat · 1 TL natives Olivenöl extra

1 Bund Schnittlauch · 1 Scheibe Haferknäckebrot

Das Ei mit Milch, einer Prise Salz und Muskat verquirlen. Eine beschichtete Pfanne mit dem Öl auspinseln, erhitzen, das Ei hineingeben und unter ständigem Rühren stocken lassen. Schnittlauch waschen, trockenschwenken und fein schneiden, über das Ei geben und alles auf dem Knäckebrot anrichten.

Das Rezept enthält:
8 g E; 11 g F; 314 mg Ch; 9 g KH; 2 g B; 185 kcal; 777 kJ

Pochiertes Ei auf Rohkostbrot

1 Ei (Gew.-Kl. 3) · Essig-Salzwasser · 100 g Salatgurke
1 kleine Möhre · 1 Scheibe Grau- oder Bauernbrot (ca. 70 g)
1 EL Joghurt-Salatcreme (30 % Fett) · 1 Beet Kresse

Das Ei in eine kleine Kelle aufschlagen und vorsichtig ins kochende Essig-Salzwasser gleiten lassen. 3 Minuten unter dem Siedepunkt garen. Das schwimmende Eiweiß mit einem Löffel über das Eigelb schaufeln. Mit einem Schaumlöffel herausheben. Gurke und Möhre schälen und auf einer Rohkostreibe fein raffeln. Die Brotscheibe mit der Joghurt-Salatcreme bestreichen und die Rohkost darüber verteilen. In die Mitte das Ei setzen und mit reichlich Kresse garnieren.

Das Rezept enthält:
13 g E; 13 g F; 320 mg Ch; 42 g KH; 6 g B; 350 kcal; 1470 kJ

Zungensülze

⅛ l Fleischbrüh-Fond (Seite 94)
3–4 Tropfen Maggi oder dunkle Sojasauce
3 Blatt weiße Gelatine · 4 Scheiben gekochte Kalbszunge
1 Cornichon · 50 g Zuckerschoten

Den Fond mit Maggi erhitzen und die Gelatine nach Packungsanweisung darin auflösen. In eine kleine Form oder einen tiefen Teller die Zungenscheiben legen, das gewürfelte Gürkchen darauf verteilen. Zuckerschoten waschen, abfädeln und in kochendem Wasser 2 Minuten blanchieren (siehe dazu Tip Seite 60), abgetropft in mundgerechte Stücke schneiden und zu der Zunge geben. Mit der Aspikmasse übergießen und im Kühlschrank erstarren lassen. Zum Essen stürzen.

Das Rezept enthält:
17 g E; 8 g F; 43 mg Ch; 6 g KH; 3 g B; 165 kcal; 693 kJ

Gurken-Baguette

1 Vollkorn-Baguette-Brötchen (ca. 70 g)

2 EL Joghurt-Salatcreme (30 % Fett)

2 große, gewaschene Eisbergsalatblätter · ¼ kleine Salatgurke

Salz · Zucker · etwas Zitronensaft · 2 Dillzweige

Das Baguette-Brötchen waagerecht halbieren und beide Seiten mit der Salatcreme bestreichen. Jeweils ein Salatblatt darauflegen. Gurke schälen und in hauchdünne Scheiben hobeln. Diese leicht salzen, mit einer Prise Zucker und einem Spritzer Zitronensaft würzen. Kurz durchziehen lassen und gut abgetropft auf das Brot verteilen. Mit Dill garnieren und zusammenklappen.

Das Rezept enthält:
6 g E; 13 g F; 12 mg Ch; 35 g KH; 7 g B; 295 kcal; 1239 kJ

Salat-Sandwich

1 kleiner Apfel · 1 Cornichon

1 kleine rote Zwiebel

2 EL Joghurt-Salatcreme (30% Fett)

1 TL feingehackte glatte Petersilie

2 Scheiben Weizenvollkorntoastbrot

2 frische, gewaschene Salatblätter

Apfel gut waschen, dünn schälen und raspeln oder in sehr feine kleine Würfelchen schneiden. Gurke hacken. Zwiebel abziehen und hacken. Alles zusammen mit der Salatcreme vermischen und mit der Petersilie abschmecken. Die Brotscheiben mit den Salatblättern belegen. Auf eine Scheibe den Apfelsalat verteilen und mit der zweiten Brotscheibe abdecken. Mit einem scharfen Messer diagonal durchschneiden.

Das Rezept enthält:
5 g E; 12 g F; 12 mg Ch; 38 g KH; 8 g B; 300 kcal; 1260 kJ

Tip: Bei Unverträglichkeit die Zwiebel weglassen.

Pilztoast

1 Scheibe Weizenvollkorntoastbrot
1 TL natives Olivenöl extra
100 g Champignons oder Austernpilze
etwas getrockneter Thymian und Majoran
1 TL grobgehackte glatte Petersilie · 1 Tomate
3 dünne Scheiben Mozzarella (ca. 50 g)

Die Brotscheiben leicht vortoasten. Das Öl erhitzen. Pilze putzen, blättrig schneiden und zufügen. Mit Thymian und Majoran würzen, offen köcheln, bis die Flüssigkeit verdampft ist. Vom Herd nehmen und die Petersilie untermengen. Tomate häuten (Tip Seite 62) und in Scheiben schneiden, bis auf eine Scheibe alles auf dem Brot verteilen. Die Pilze darauf häufeln und mit den Käsescheiben abdecken. Mit etwas Thymian bestreuen und unterm heißen Grill 5 Minuten gratinieren. Mit der restlichen Tomatenscheibe garnieren.

Das Rezept enthält:
11 g E; 15 g F; 23 mg Ch; 15 g KH; 4 g B; 260 kcal; 1092 kJ

Anmerkung: Statt Mozzarella können auch junger Gouda oder Emmentaler genommen werden.

Club-Sandwich

2 Scheiben Weizenvollkorntoastbrot

100 g gekochtes Hähnchenfleisch · 1 Tomate · 3 Salatblätter

2 EL Joghurt-Salatcreme (30 % Fett)

Die Brotscheiben toasten. Fleisch, Tomate und Salat in Streifen schneiden. Wer's besser verträgt, häutet die Tomate (Tip Seite 62). Brotscheiben mit Salatcreme bestreichen. Auf eine Scheibe die Zutaten häufeln und mit der zweiten Brotscheibe abdecken. Mit einem scharfen Messer diagonal durchschneiden.

Das Rezept enthält:
26 g E; 13 g F; 72 mg Ch; 27 g KH; 6 g B; 345 kcal; 1449 kJ

Gefülltes Fladenbrot

½ kleines Fladenbrot mit Sesam

2 EL Joghurt-Salatcreme (30 % Fett) · 2 Blatt Eisbergsalat

1 Tomate · ¼ kleine Salatgurke

½ kleiner Kohlrabi · ½ kleiner Apfel

Das Brot vorsichtig aushöhlen, so daß eine Tasche entsteht. Mit der Salatcreme ausstreichen. Salat in feine Streifen schneiden. Tomate häuten (Tip Seite 62), Gurke und Kohlrabi schälen, Apfel waschen und entkernen. Alles in sehr kleine Würfel schneiden und zusammen mit dem Salat in die Brottasche füllen.

Das Rezept enthält:
11 g E; 14 g F; 12 mg Ch; 66 g KH; 9 g B; 445 kcal; 1869 kJ

Toast Hawaii

1 Scheibe Weizenvollkorntoastbrot · 5 g Butter
1 Scheibe magerer gekochter Schinken (ohne Fettrand)
1 Scheibe Ananas (frisch oder aus der Dose, ungesüßt)
1 Scheibe junger Gouda oder Chester

Die Brotscheibe toasten. Mit Butter bestreichen, Schinken, Ananas und Käse nacheinander darauflegen und unter den heißen Grill schieben. Beginnt der Käse eben gerade zu laufen, herausnehmen.

Das Rezept enthält:
12 g E; 14 g F; 61 mg Ch; 34 g KH; 3 g B; 325 kcal; 1365 kJ

Möhrenjoghurt

1 kleine Möhre · 3 Tropfen Kürbiskernöl
½ Zitrone · 125 g Magerjoghurt · 3 EL Hafer-Knusperflocken

Die Möhre waschen, schälen und fein raspeln. Mit Öl und Zitronensaft vermischen. Joghurt verquirlen und darunterziehen, mit den Flocken bestreuen.

Das Rezept enthält:
9 g E; 3 g F; 0 mg Ch; 27 g KH; 4 g B; 175 kcal; 735 kJ

Flocken-Mix

¼ l naturreiner oder frisch gepreßter Möhrensaft
2 EL Instant-Haferflocken · 1 EL Hefeflocken
Saft von ½ Zitrone · 1 TL feingehackte glatte Petersilie

Den Saft mit Flocken und Zitronensaft im elektrischen Mixer verquirlen. Mit der Petersilie bestreuen und sofort trinken.

Das Rezept enthält:
8 g E; 2 g F; 0 mg Ch; 34 g KH; 1 g B; 195 kcal; 819 kJ

Honigquark mit Himbeeren

125 g Magerquark · 1 TL Honig · 1 TL Zitronensaft
1 Prise Ingwer · 100 g Himbeeren

Den Quark mit Honig, Zitronensaft und Ingwer cremig rühren. Himbeeren verlesen und darauf verteilen.

Das Rezept enthält:
17 g E; 0,5 g F; 1 mg Ch; 20 g KH; 4 g B; 155 kcal; 651 kJ

Buchweizen-Knusperl

3 EL Buchweizenkörner · 1 TL Honig · 1 EL Hefeflocken
1 kleiner Apfel · Saft von ½ Zitrone
2 EL leichte Sahne (12 % Fett)

Die Buchweizenkörner im Backofen darren, bis sie knusprig sind. Danach mit Honig, Hefeflocken, geriebenem Apfel, Zitronensaft und Sahne vermischen. Etwa 60 Minuten ziehen lassen, dann essen.

Das Rezept enthält:
7 g E; 6 g F; 17 mg Ch; 44 g KH; 4 g B; 270 kcal; 1134 kJ

Gemüse im Reispapier

1 kleiner Kohlrabi · 1 kleine Möhre · 4 Blätter Endiviensalat
½ kleiner Apfel · 1 EL Zitronensaft · 1 EL helle Sojasauce
je 1 Prise Pfeffer und Ingwer
3 Reispapierblätter (gibt's in Asienläden)

Kohlrabi und Möhre schälen, waschen und in feine, dünne Streifen schneiden. Salatblätter waschen, gut abtropfen lassen und in Streifen teilen. Apfel gut waschen, entkernen und grob raffeln. Alles miteinander vermischen, mit Zitronensaft, Sojasauce, Pfeffer und Ingwer würzen, zugedeckt 10 Minuten ziehen lassen. Reispapierblätter zwischen zwei nasse Handtücher legen und 10 Minuten ruhen lassen. Vorsichtig herausnehmen, jeweils etwas von der Gemüsemischung darauf verteilen und aufrollen. Aus der Hand essen.

Das Rezept enthält:
3 g E; 1 g F; 0 mg Ch; 26 g KH; 8 g B; 145 kcal; 609 kJ

Tip: Wer keine Reispapierblätter bekommt, der wickelt das Gemüse in große, knackige Salatblätter ein.

Thunfisch im Teig

65 g Weizenmehl (Type 1050) · 65 g Magerquark

25 g Butter oder Butterschmalz oder Diätmargarine · 1 Prise Salz

80 g Thunfisch naturell (in Wasser eingelegt, aus der Dose)

100 g Sojabohnensprossen · Magermilch zum Bestreichen*

Das Mehl mit Quark, Fett und Salz zu einem Teig verkneten. 10 Minuten kühl stellen. Thunfisch zerkleinern und mit den Sprossen mischen. Den Teig auf einer bemehlten Arbeitsfläche ausrollen. Die Thunfischfüllung darauf verteilen und aufrollen. Auf ein mit Backtrennpapier ausgelegtes Backblech legen, mit etwas Milch bepinseln und im vorgeheizten Ofen bei 200 Grad (Gas Stufe 3) 10 Minuten goldgelb backen. Herausnehmen, etwas abkühlen lassen und schräg in Scheiben schneiden.

Ergibt 4 Scheiben, jede enthält:
4 g E; 8 g F; 6 mg Ch; 14 g KH; 2 g B; 155 kcal; 651 kJ

Tip: Je nach Appetit lassen sich die restlichen Scheiben einfrieren. In der Mikrowelle aufgetaut, sind sie jederzeit schnell verfügbar.

* Kann man selber ziehen, wie beim »Weizenkeim-Müsli« auf Seite 74 beschrieben.

Käse-Flan

1 Ei (Gew.-Kl. 3) · 125 g Magerjoghurt

50 g milder Schafskäse · Muskat · 5 g Diätmargarine

1 gehäutete, gewürfelte Tomate oder
2 EL Tomatenwürfel aus der Tetrapackung

1 Zweig Basilikum

Das Ei trennen. Eigelb mit Joghurt und Schafskäse im Mixer fein pürieren, mit Muskat abschmecken. Eiweiß sehr steif schlagen und unter die Käsemasse heben. Ein feuerfestes Förmchen mit Fett auspinseln, die Masse einfüllen und im Wasserbad (in die Fettauffangpfanne des Ofens zur Hälfte Wasser füllen) im Ofen 10 Minuten bei 200 Grad (Gas Stufe 3) garen. Herunterschalten und bei 160 Grad (Gas Stufe 2) 6 Minuten nachziehen lassen. Herausnehmen und noch 5 Minuten setzen lassen. Auf die gewürfelte Tomate stürzen und mit Basilikum garnieren.

Das Rezept enthält:
19 g E; 22 g F; 344 mg Ch; 9 g KH; 2 g B; 330 kcal; 1386 kJ

Cholesterinarme Brotaufstriche

Grünkern-Aufstrich

2 Portionen

1 kleine Zwiebel · 2 EL natives Olivenöl extra

50 g Grünkernschrot · 0,15 l Gemüsebrühe aus Hefebrühextrakt

1 Lorbeerblatt · 1 Päckchen TK-Suppengrün

1 EL geschälte Sonnenblumenkerne

Meersalz · Muskatnuß

Die Zwiebel abziehen und fein würfeln. In dem erhitzten Öl glasig dünsten. Grünkern unter Rühren zufügen, kurz mit andünsten und mit der Brühe auffüllen. Lorbeerblatt und Suppengrün zugeben und unter häufigem Rühren zu einem dicken Brei kochen. Vom Herd nehmen. Anschließend im Mixer pürieren und durch ein Sieb streichen. Sonnenblumenkerne fein hacken und unterrühren. Mit Salz und Muskat abschmecken.

Eine Portion enthält:
5 g E; 11 g F; 0 mg Ch; 23 g KH; 4 g B; 180 kcal; 756 kJ

Rettichcreme

100 g frischer Tofu · 2 EL Kürbis- oder Walnußöl
1 kleiner Rettich · 1 TL helle Sojasauce · 1 Prise Meersalz
1 TL feingehackte glatte Petersilie

Den Tofu mit einer Gabel zerdrücken und mit dem Öl cremig rühren. Rettich schälen, fein raspeln und zufügen. Mit Sojasauce, Salz und Petersilie abschmecken.

Das Rezept enthält:
9 g E; 20 g F; 0 mg Ch; 7 g KH; 3 g B; 245 kcal; 1029 kJ

Bananencreme

Je 2 EL Magerquark und Magerjoghurt · 1 kleine Banane
1 EL Zitronensaft · ½ TL Kurkuma · ½ TL Honig

Quark mit Joghurt verrühren. Banane schälen und mit einer Gabel fein zermusen, unter den Quark mischen. Mit Zitronensaft, Kurkuma und Honig abschmecken.

Das Rezept enthält:
10 g E; 0 g F; 0 mg Ch; 34 g KH; 3 g B; 175 kcal; 735 kJ

Obst-Aufstrich

Je 30 g getrocknete Äpfel, Aprikosen, Birnen und Bananen (alles ungeschwefelt)

0,2 l naturreiner Apfelsaft

abgeriebene Schale von 1 unbehandelten Zitrone

100 g frischer Tofu · je 1 Prise Zimt und Nelkenpuder

1 TL feingemahlene, geschälte Haselnüsse

Das Trockenobst in eine Schüssel geben, mit dem Apfelsaft übergießen und am besten über Nacht stehenlassen. Dann im elektrischen Mixer pürieren, Tofu zufügen und nochmals bei hoher Umdrehung durchmixen. Mit Zitronenschale, Zimt, Nelkenpuder und Haselnüssen verfeinern.

Das Rezept enthält:
10 g E; 7 g F; 0 mg Ch; 96 g KH; 12 g B; 500 kcal; 2100 kJ

Anmerkung: Die Menge auf zwei Mal aufteilen, dann halbieren sich auch die Werte.

Nougatcreme

Je 1 EL geschälte, gemahlene Haselnüsse und gemahlene Pinienkerne

1 EL Carobpulver (aus Johannisbrotkernmehl, gibt's im Reformhaus)

1 TL entöltes Kakaopulver · 1 EL Ahornsirup oder Honig

100 g Magerquark

Alle Zutaten gut verrühren oder im elektrischen Mixer kurz durchquirlen.

Das Rezept enthält:
20 g E; 12 g F; 1 mg Ch; 35 g KH; 1 g B; 340 kcal; 1428 kJ

Artischockencreme

4 Artischockenböden

2 Artischockenherzen (frisch oder naturell aus dem Glas)

2 EL Magerquark · 1 EL Joghurt-Salatcreme

1 EL Zitronensaft · 1 TL extrafeine Kapern

5 Blättchen Zitronenmelisse · ½ Bund glatte Petersilie

Alle Zutaten im elektrischen Mixer fein pürieren.

Das Rezept enthält:
10 g E; 6 g F; 0 mg Ch; 24 g KH; 5 g B; 210 kcal; 882 kJ

Sprossenquark

125 g Magerquark · 3 EL Buttermilch

1 vollreife Tomate (oder 1 EL Tomatenwürfel aus der Tetrapackung)

Meersalz · 1 TL Rettichsamen

50 g Sojabohnensprossen (selbst zu ziehen wie auf Seite 74 beschrieben)

Den Quark mit der Buttermilch sämig rühren. Tomate überbrühen und häuten (Tip Seite 62), entkernt in kleine Würfel schneiden. Unter den Quark mischen und mit einer Prise Salz abschmekken. Sprossen kurz abspülen, Sojabohnensprossen grob zerhacken und alles unter den Quark heben.

Das Rezept enthält:
21 g E; 1 g F; 3 mg Ch; 14 g KH; 3 g B; 140 kcal; 588 kJ

Parmesanquark

125 g Magerquark · 2 EL frisch geriebener Parmesan (20 g)

1 EL Buttermilch · ¼ Zitrone · 1 Prise Muskat

Den Quark mit Käse und Buttermilch glatt verrühren. Mit einem Spritzer Zitronensaft und Muskat abschmecken.

Das Rezept enthält:
23 g E; 5 g F; 14 mg Ch; 5 g KH; 0 g B; 165 kcal; 693 kJ

Meerrettichquark

125 g Magerquark · 2 EL Magerjoghurt

1 EL Kürbiskern- oder Walnußöl

5 cm frische Meerrettichstange · 1 kleiner Apfel

¼ Zitrone · Meersalz · Zucker

Den Quark mit Joghurt und Öl cremig rühren. Meerrettich schälen und fein reiben, unter den Quark mischen. Apfel dünn schälen und fein reiben, mit etwas Zitronensaft beträufeln und zufügen. Mit Salz und Zucker abschmecken.

Das Rezept enthält:
18 g E; 9 g F; 1 mg Ch; 24 g KH; 4 g B; 255 kcal; 1071 kJ

Basilikum-Quarkcreme

1 Bund Basilikum

1 vollreife Tomate oder 1 gehäufter EL Tomatenstückchen aus der Tetrapackung

125 g Magerquark · 1 EL natives Olivenöl extra

Meersalz · ¼ Zitrone

Das Basilikum waschen, trockenschwenken und fein schneiden. Tomate häuten (Tip Seite 62) und würfeln. Quark mit Öl cremig rühren. Basilikum und Tomate untermischen, mit einer Prise Salz und einem Spritzer Zitronensaft abschmecken.

Das Rezept enthält:
17 g E; 8 g F; 1 mg Ch; 9 g KH; 2 g B; 190 kcal; 798 kJ

Pikantes Gelee

6 Blatt weiße Gelatine · ¼ l Wasser
3 EL Maggi oder Sojasauce (oder ein Gemisch von beidem)
1 Spritzer Balsamico-Essig

Die Gelatine in kaltem Wasser einweichen. Gut ausdrücken und in dem erhitzten Wasser auflösen. Maggi und/oder Sojasauce zufügen, mit dem Essig geschmacklich abrunden. In ein Schälchen füllen und im Kühlschrank erstarren lassen. Entweder in Scheiben aufschneiden und aufs Brot legen, oder würfeln und als Geschmacksverbesserung zu kaltem Bratenaufschnitt nehmen.

Das Rezept enthält:
10 g E; 0 g F; 0 mg Ch; 0 g KH; 0 g B; 40 kcal; 168 kJ

Anmerkung: Für die eiweißarme Diät gut geeignet.

Thunfischcreme

100 g Thunfisch (naturell, in Wasser eingelegt, aus der Dose)
1 EL extrafeine Kapern · 1 kleine Zwiebel · 1 EL Kürbiskernöl
2 EL Magerquark · 1 Cornichon · ¼ Zitrone · Meersalz

Den Thunfisch etwas zerpflücken, zusammen mit Kapern, gehackter Zwiebel, Öl und Quark im elektrischen Mixer pürieren. Cornichon fein hacken und unter die Fischcreme mischen. Mit etwas Zitronensaft und Salz abschmecken.

Das Rezept enthält:
31 g E; 21 g F; 32 mg Ch; 5 g KH; 1 g B; 325 kcal; 1365 kJ

Gemüsecreme

2 EL Maiskörner aus der Dose
1 EL Joghurt-Salatcreme (30 % Fett)
½ kleine gelbe oder rote Paprikaschote · 1 Cornichon
1 kleine Zwiebel · 100 g Rettich · 1 EL Sesamsamen

Den gut abgetropften Mais mit der Salatcreme im elektrischen Mixer pürieren. Paprika häuten (Tip Seite 62) und in sehr kleine Würfelchen schneiden oder auf der Rohkostreibe schnipseln, Cornichon und abgezogene Zwiebel fein hacken. Wer rohe Zwiebeln nicht verträgt, läßt sie weg. Rettich schälen und fein reiben. Das Gemüse mit der Maiscreme mischen. Sesamsamen in einer beschichteten Pfanne unter ständigem Rühren goldgelb rösten, zufügen.

Das Rezept enthält:
7 g E; 16 g F; 0 mg Ch; 20 g KH; 7 g B; 265 kcal; 1113 kJ

Petersiliencreme

3 Bund glatte Petersilie · 1 kleine Zwiebel
4 Cornichons · 1 pochiertes Ei (Gew.-Kl. 4)
50 g frisch geriebener Parmesan
1 TL geschälte, gemahlene Mandeln · 3 EL Kürbiskernöl
je 1 Prise Pfeffer und Muskat

Die Petersilie waschen, trockenschwenken, Blättchen von den Stielen zupfen und sehr fein hacken. Zwiebel abziehen und hakken (wer keine Zwiebeln verträgt, läßt sie weg). Cornichons ebenfalls fein hacken. Pochiertes Ei (in kochendes Essigwasser aufschlagen, vier Minuten kochen, mit einer Schaumkelle herausnehmen) pürieren. Alles miteinander mischen, Parmesan und Mandeln zufügen und mit dem Öl zu einer streichfähigen Paste verrühren. Eventuell noch mit etwas heißer Gemüsebrühe nachhelfen. Mit Pfeffer und Muskat abschmecken und zugedeckt im Kühlschrank aufbewahren.

1 Portion = 20 g enthält:
2 g E; 3 g F; 23 mg Ch; 0,5 g KH; 0 g B; 40 kcal; 168 kJ

Kräuterkäse

100 g Schichtkäse (20 % Fett i. Tr.) · 3 EL Buttermilch
1 EL natives Olivenöl extra · 2 Frühlingszwiebeln
1 gehäufter EL Kerbel · 1 Beet Kresse · 1 Stengel Staudensellerie
1 TL extra feine Kapern · ¼ Zitrone · Meersalz

Den Schichtkäse mit Buttermilch und Öl cremig rühren. Zwiebel putzen, waschen und sehr fein schneiden oder hacken. Kräuter waschen, trockenschwenken und fein hacken. Sellerie putzen, waschen und in sehr kleine Würfelchen schneiden. Alles zusammen mit den Kapern unter den Käse mischen. Mit einem Spritzer Zitronensaft und einer Prise Salz abschmecken.

Das Rezept enthält:
14 g E; 10 g F; 2 mg Ch; 9 g KH; 5 g B; 210 kcal; 882 kJ

Lachscreme

70 g gedünsteter Lachs oder Lachsforelle

2 EL Joghurt-Salatcreme (30 % Fett)

½ TL frisch geriebener Meerrettich

½ TL extrafeine Kapern · ¼ Zitrone

1 Prise Meersalz

Den Lachs pürieren und mit der Salatcreme verrühren. Meerrettich und Kapern zufügen und mit Zitronensaft und Salz abschmecken.

Das Rezept enthält:
12 g E; 16 g F; 12 mg Ch; 3 g KH; 0 g B; 210 kcal; 882 kJ

Forellen-Apfel-Mousse

1 geräuchertes Forellenfilet · 3 EL Joghurt-Salatcreme

½ kleiner, geriebener Apfel · ¼ Zitrone

Das Forellenfilet zerpflücken und zusammen mit der Salatcreme im elektrischen Mixer oder mit dem Pürierstab fein pürieren. Geriebenen Apfel untermischen und mit dem Zitronensaft abschmecken.

Das Rezept enthält:
20 g E; 21 g F; 73 mg Ch; 9 g KH; 1 g B; 305 kcal; 1281 kJ

Fleisch, Geflügel und Wild

Gefülltes Kalbsschnitzel mit Tomatensauce

100 g Kalbsschnitzel · 1 unbehandelte Zitrone · Salz
1 Handvoll Spinatblätter · 1 Scheibe Mozzarella
350 g Tomaten oder ½ Packung Tomatenstückchen
Zucker · 2 Thymianzweige

Das Kalbsschnitzel möglichst lang und dünn schneiden lassen, ansonsten mit der geballten Faust in Form streichen. Mit etwas geriebener Zitronenschale und Salz würzen. Spinat waschen, verlesen und tropfnaß in einen kleinen Topf geben, erhitzen, bis der Spinat zusammengefallen ist. Herausnehmen, gut abtropfen lassen, dabei fest ausdrücken und auf das Fleisch geben. Mit der Käsescheibe bedecken und fest zusammenrollen. In einen Bratbeutel geben, etwas von der Spinatbrühe angießen, nach Packungsanweisung die Folie vorbereiten und in den kalten Ofen schieben. Auf 200 Grad (Gas Stufe 3) anheizen und 15–20 Minuten garen. Tomaten häuten (Tip Seite 62), grob hacken und bei milder Hitze etwas einköcheln lassen. Durch ein Sieb passieren, mit Salz und einer Prise Zucker abschmecken, zum Schluß den frisch gehackten Thymian unterziehen.

Das Rezept enthält:
32 g E; 11 g F; 18 mg Ch; 13 g KH; 5 g B; 285 kcal; 1197 kJ

Fleischklößchen in Spargelcreme (Rezept Seite 155)

Gefüllter Hackbraten

Für 8 Portionen

1 große Möhre · 3 Stangen Staudensellerie

1 TL Butterschmalz oder Diätmargarine · 2 altbackene Brötchen

je 300 g gemischtes und reines Rinderhackfleisch

2 Eier (Gew.-Kl. 4) · 1 TL Senf

je 1 EL getrockneter Thymian und Majoran

1 EL feingehackte glatte Petersilie · Salz

Das Gemüse waschen. Möhre schälen, Sellerie putzen, beides in lange, feine Streifen schneiden und in dem erhitzten Fett kurz andünsten. Brötchen in Wasser einweichen. Fleisch mit Eiern, Senf, gut ausgedrückten Brötchen, Kräutern und Salz zu einem pikant abgeschmeckten Teig verarbeiten. Eine Gemüse- oder Terrinenform (3/4 l Inhalt) schichtweise mit Fleisch und Gemüse füllen. Mit Fleisch abschließen, glattstreichen und zugedeckt in den vorgeheizten Backofen schieben. Bei 220 Grad (Gas Stufe 4) auf der untersten Schiene 45–55 Minuten garen. Herd ausschalten und noch 10 Minuten nachziehen lassen.

Eine Portion enthält:
20 g E; 9 g F; 131 mg Ch; 10 g KH; 2 g B; 205 kcal; 861 kJ

Anmerkung: Dieser Hackbraten kann warm und kalt gegessen werden. So ist er z.B. auch ein guter Brotbelag. Was Sie nicht innerhalb von 3 Tagen verbrauchen, frieren Sie einfach portionsweise ein, für eine spätere Mahlzeit. Hält sich im Gefrierer mindestens 5 Monate.

Hähnchenpfanne mit Wirsing

250 g junger, zarter Wirsing

5 Champignonköpfe · 100 g Hähnchenbrustfleisch

10 g Butterschmalz oder 1 EL natives Olivenöl extra

⅛ l Fleischbrühfond (Seite 94 oder Instant)

3 EL leichte Sahne (12 % Fett) · Salz · Muskat

1 EL Saucenbinder (hell) oder 1 TL angerührte Speisestärke

1 EL Schnittlauchröllchen oder feingehackte glatte Petersilie

Den Wirsing putzen, waschen und in Streifen schneiden. Pilze putzen und vierteln. Fleisch in dünne Streifen teilen. Das Fett in einer beschichteten Pfanne schmelzen, Fleisch hineingeben und unter Rühren kurz andünsten. Gemüse zufügen, mit Brühe und Sahne auffüllen. Bei milder Hitze zugedeckt 15 Minuten köcheln. Mit den Gewürzen abschmecken, Saucenbinder einstreuen und einmal aufkochen. Mit Kräutern bestreuen.

Das Rezept enthält:
31 g E; 18 g F; 111 mg Ch; 19 g KH; 4 g B; 380 kcal; 1596 kJ

Hähnchenkeule mit Kräutersauce

1 Bund Suppengrün · 2 Pfefferkörner · ½ TL Fenchelsamen

1 kleines Lorbeerblatt · 2 Stengel glatte Petersilie

¼ l Fleischbrühfond (Seite 94 oder Instant)

1 fleischiger Hähnchenschenkel · 5 EL leichte Sahne (12 % Fett)

1 TL Butter · 1 TL Mehl (Mehlbutter) · 1 Handvoll Kerbel

etwas Estragon, Zitronenmelisse und glatte Petersilie

½ Zitrone · Muskat

Das Suppengrün putzen, waschen und würfeln. Zusammen mit den Gewürzen und Petersilienstengel in der Brühe zum Kochen bringen. Hähnchenschenkel einlegen und bei milder Hitze 25 Minuten garen. Schenkel herausnehmen und in Alufolie wickeln. Sahne zur Brühe geben und offen etwas einkochen lassen. Anschließend im Mixer pürieren und durch ein Sieb streichen. Wieder erhitzen. Butter mit Mehl verkneten und unter die heiße Sauce schlagen. Kräuter waschen, trockenschwenken und fein hacken. In die Sauce geben, vom Herd nehmen und mit Zitronensaft und abgeriebener Muskatnuß würzen. Die Sauce über den Hähnchenschenkel ziehen. Dazu schmeckt Reis und Salat.

Das Rezept enthält:
28 g E; 23 g F; 132 mg Ch; 21 g KH; 3 g B; 435 kcal; 1827 kJ

Ossobuco

(Foto Seite 107)

1 Beinscheibe vom Kalb
Salz · 1 EL Mehl · 1 Bund Suppengrün
3 Schalotten und 1 Knoblauchzehe (nur bei Verträglichkeit!)
10 g Butterschmalz oder 1 EL natives Olivenöl extra
½ Lorbeerblatt · je 2 getrocknete Zweige Thymian und Rosmarin
⅛ l Fleischbrühfond (Seite 94 oder aus dem Glas)
2 EL saure Sahne · 1 TL feingehackte glatte Petersilie
½ unbehandelte Zitrone

Die Beinscheibe kurz unter fließendem Wasser abspülen und mit Küchenkrepp trockentupfen. Mit Salz rundherum leicht einreiben und in dem Mehl wenden. Suppengrün putzen, waschen und zerkleinern. Schalotten und Knoblauch abziehen. Schalotten halbieren, Knoblauch in feine Stifte schneiden. Fett in einer tiefen Pfanne schmelzen und die Beinscheibe von jeder Seite kurz braten, sie darf nicht braun werden. Schalotten, Knoblauch, Lorbeer und Kräuterzweige zufügen, mit der Brühe aufgießen und zugedeckt bei milder Hitze 50 Minuten schmoren. Zwischendurch, wenn nötig, die Flüssigkeit mit etwas Wasser auffüllen. Fleisch herausnehmen und in Alufolie wickeln. Den Fond durch ein Sieb streichen, dabei das Gemüse gut auspressen. Sauce noch mal erhitzen und mit saurer Sahne binden. Abschmecken und über die Beinscheibe ziehen. Mit Petersilie und abgeriebener Zitronenschale bestreuen. Dazu schmecken grüne Bohnen und Salzkartoffeln.

Das Rezept enthält:
26 g E; 16 g F; 131 mg Ch; 28 g KH; 5 g B; 390 kcal; 1638 kJ

Marinierte Hähnchenbrust auf Salat

100 g Hähnchenbrustfleisch · 2 EL helle Sojasauce

½ Zitrone · ½ Orange · 1 TL Honig · ½ TL Senf

1 Prise Pfeffer · 1 EL natives Olivenöl extra

½ Kopf Eisbergsalat · 1 Beet Kresse

Hähnchenfleisch in feine, dünne Streifen schneiden. Sojasauce mit dem ausgepreßten Zitronen- und Orangensaft verrühren. Mit Honig, Senf und Pfeffer abrunden, über die Fleischstücke gießen und zugedeckt 30–40 Minuten ziehen lassen. Dabei das Fleisch öfter wenden. Eine beschichtete Pfanne mit dem Öl auspinseln. Erhitzen und das abgetropfte Fleisch unter ständigem Rühren 8 Minuten braten. Vom Herd nehmen, mit Alufolie abdecken und 5 Minuten ruhen lassen. Salat putzen, waschen und in mundgerechte Stücke zerpflücken. Auf einem Teller anrichten und das Fleisch darauf verteilen, mit der Fleischmarinade beträufeln und mit der Kresse bestreuen.

Das Rezept enthält:
25 g E; 8 g F; 60 mg Ch; 14 g KH; 3 g B; 255 kcal; 1071 kJ

Kaninchenfilet im Wirsingmantel

Für 2 Portionen

1 Kaninchenfilet · Salz · Wacholderbeeren

½ Lorbeerblatt · ½ unbehandelte Orange

1 TL natives Olivenöl extra · 125 g Champignons

2 EL leichte Sahne (12 % Fett) · Muskat

1 TL grobgehackte glatte Petersilie

3 schöne zarte Wirsingblätter

Das Filet von Häutchen und Sehnen befreien. Rundherum mit etwas Salz einreiben. Wacholderbeeren zerdrücken, Lorbeer fein zerstoßen, Orange abreiben, alles mischen und auf das Fleisch streuen. Eine beschichtete Pfanne mit dem Öl auspinseln, erhitzen und das Fleisch von allen Seiten kurz anbraten. Herausnehmen. Den Bratenfond mit etwas heißem Wasser lösen und durch ein Sieb gießen. Pilze putzen und im Mixer pürieren. Gut ausdrücken und in dem Bratenfond kurz erhitzen. Sahne zufügen und so lange köcheln, bis alle Flüssigkeit verdampft ist. Mit Muskat und Petersilie abschmecken. Vom Herd nehmen. Wirsingblätter putzen, die harten Rippen flach schneiden und die Blätter 2 Minuten blanchieren (Tip Seite 60). Auf einem Küchenhandtuch abtropfen lassen. Das Filet auf die Blätter legen. Die Pilzfarce darüberstreichen und mit den Blättern verschließen. Dann fest in Alufolie einwickeln und in den vorgeheizten Backofen schieben. Bei 200 Grad (Gas Stufe 3) 20–25 Minuten garen. Bei ausgeschaltetem Ofen noch 5 Minuten nachziehen lassen. Aus der Folie nehmen und in Scheiben aufschneiden. Dazu schmecken Bandnudeln und eine frisch gerührte Tomatensauce (siehe Rezept Gefülltes Kalbsschnitzel Seite 140).

1 Portion enthält:
24 g E; 14 g F; 73 mg Ch; 4 g KH; 1,5 g B; 240 kcal; 1008 kJ

Putenragout

1 Schalotte · 10 g Diätmargarine

100 g Putenbrustfleisch · 100 g Champignons

1/8 l Fleischbrühfond (Seite 94) oder Geflügelfond aus dem Glas

100 g grüne Spargelspitzen · 125 g Magerjoghurt

1 Msp Safran oder Kurkuma · 1/2 Zitrone · Zucker

Salz · 1/2 Bund glatte Petersilie

Die Schalotte abziehen und fein würfeln. In dem erhitzten Fett glasig dünsten. Fleisch würfeln, Pilze putzen und blättrig schneiden, beides zufügen und unter ständigem Rühren 7 Minuten dünsten. Brühe abgießen und zugedeckt 10 Minuten köcheln. Spargelstücke waschen und zufügen, bei milder Hitze 7 Minuten garen. Joghurt mit Safran oder Kurkuma verquirlen und unter das Ragout rühren, nicht mehr kochen. Vom Herd nehmen, mit etwas Zitronensaft, Salz und einer Prise Zucker abschmecken, zum Schluß mit gehackter Petersilie bestreuen. Dazu schmecken Nudeln oder Reis und ein Blattsalat.

Das Rezept enthält:
34 g E; 10 g F; 60 mg Ch; 13 g KH; 5 g B; 295 kcal; 1239 kJ

Putenröllchen mit Pilzsauce

100 g Putenbrustfleisch · Salz · 1 TL Senf

125 g Champignons · ½ Bund glatte Petersilie

⅛ l Fleischbrühfond (Seite 94) oder Geflügelfond aus dem Glas

1 EL saure Sahne · ¼ Zitrone

Das Fleisch wie eine Roulade schneiden lassen. Eine Seite leicht salzen, die andere Seite mit Senf bestreichen. Pilze putzen und bis auf einen vierteln. Petersilie waschen, trockenschwenken und grob hacken. Restlichen Champignon fein hobeln und zusammen mit ½ TL gehackter Petersilie auf der mit Senf bestrichenen Fleischseite verteilen. Zur Roulade zusammenrollen und mit Rouladennadeln oder Küchenzwirn befestigen. In einen Bratbeutel geben, Pilze und restliche Petersilie zufügen, die Brühe angießen und die Folie nach Packungsanweisung schließen. In den kalten Ofen schieben und bei 200 Grad (Gas Stufe 3) 20–30 Minuten schmoren. Bratbeutel herausnehmen, eine Ecke aufschneiden und die Flüssigkeit auffangen. Zusammen mit den Pilzen und der Petersilie im elektrischen Mixer pürieren. Erwärmen, mit der sauren Sahne binden und mit Zitronensaft und eventuell noch Salz abschmecken. Über die Roulade ziehen. Dazu schmeckt Kartoffelschnee, Nudeln oder Reis und Möhrengemüse.

Das Rezept enthält:
28 g E; 5 g F; 69 mg Ch; 2 g KH; 2 g B; 175 kcal; 735 kJ

Schweinefilet mit Kresse-Joghurtschaum

100 g Schweinefilet · Salz · 1 Prise Pfeffer

Muskat · 1 Eigelb (Gew.-Kl. 4)

5 EL Gemüse- oder Fleischbrühfond (Seite 94 oder aus dem Glas)

125 g Magerjoghurt · 1 Beet Kresse · ½ Bund glatte Petersilie

2 Blättchen Basilikum · ¼ Zitrone

Das Filet von Häutchen und Sehnen befreien. Rundherum mit den Gewürzen einreiben. In Alufolie wickeln und im vorgeheizten Backofen bei 200 Grad (Gas Stufe 3) 15 Minuten garen. Herd ausschalten und noch 5 Minuten nachziehen lassen. Eigelb mit dem Fond verschlagen und auf dem Wasserbad zu einer cremigen Sauce aufschlagen. Joghurt mit den Kräutern im Mixer fein verquirlen und mit dem Schneebesen unter die Eimasse ziehen. Bei milder Hitze 3 Minuten aufschlagen. Mit Salz und Zitronensaft abschmecken. Fleisch in Scheiben aufschneiden und mit der Sauce überziehen. Dazu schmecken kleine, dünne Spaghetti oder breite Bandnudeln, aber auch Reis und Kartoffeln und ein kalorienarmes Gemüse oder Salat.

Das Rezept enthält:
27 g E; 19 g F; 374 mg Ch; 8 g KH; 0 g B; 325 kcal; 1365 kJ

Gekräuterte Putenbrust auf Apfel-Kartoffel-Gemüse

1 Bund Suppengrün · 1 kleine Zwiebel · 1 Lorbeerblatt

2 Pfefferkörner · 1 Stückchen unbehandelte Zitronenschale

je 2 Stengel Dill und glatte Petersilie

¼ l Fleischbrühfond (Seite 94) oder Geflügelfond aus dem Glas

100 g Putenbrustfleisch · Salz · 150 g Kartoffeln

150 g Äpfel · 10 g Butter · ½ Tasse Apfelsaft (naturrein)

½ TL getrockneter Majoran · 1 Msp getrockneter Thymian

1 Bund Basilikum · 1 EL Kürbiskernöl

Das Suppengrün putzen, waschen und zerkleinern. Zwiebel abziehen und vierteln. Beides zusammen mit Lorbeer, Pfefferkörnern, Zitronenschale und Kräuterstengeln in die Brühe geben und zum Kochen bringen. 5 Minuten köcheln lassen. Fleisch mit Salz einreiben, in die Brühe legen und bei milder Hitze zugedeckt 20 Minuten garen. Kartoffeln und Äpfel schälen. Beides in schmale Streifen schneiden. Butter in einem Topf schmelzen. Kartoffeln darin andünsten, mit Apfelsaft aufgießen und zugedeckt 10 Minuten garen. Würzen, Äpfel zufügen und mit Majoran und Thymian bestreuen. Vorsichtig mit den Kartoffeln mischen und zugedeckt 5 Minuten köcheln. Fleisch aus der Brühe nehmen und in Alufolie einwickeln. Basilikum waschen, trockenschwenken und im Mixer fein pürieren oder sehr fein hacken. Mit dem Öl zur Paste rühren, mit einer Prise Salz würzen. Putenbrühe auf die Hälfte einköcheln, im Mixer pürieren und durch ein Sieb streichen. Fleisch schräg in kleine Scheiben aufschneiden, auf das Kartoffel-Apfel-Gemüse geben, mit dem Fond übergießen und das Kräuteröl auf das Fleisch träufeln.

Das Rezept enthält:
30 g E; 18 g F; 84 mg Ch; 63 g KH; 13 g B; 580 kcal; 2436 kJ

Hirschsteak in Bratfolie

100 g Hirschfilet · Salz · Pfeffer

1 Bund Suppengrün · 1 Schalotte · 2 Wacholderbeeren

1 kleines Lorbeerblatt · ½ kleine, unbehandelte Orange

½ Tasse Wildfond (aus dem Glas)

1 TL Balsamico-Essig · 1 EL saure Sahne

Das Hirschsteak salzen, pfeffern und in einen Bratbeutel geben. Suppengrün waschen, putzen und zerkleinern. Schalotte abziehen und würfeln. Beides zusammen mit den Gewürzen und etwas abgeschälter Orangenschale in den Bratbeutel geben. 1 EL Orangensaft, den Wildfond und Essig angießen und nach Packungsanweisung mit der Folie verfahren. In den kalten Ofen schieben und bei 200 Grad (Gas Stufe 3) 20 Minuten garen. Folie an einer Seite aufschneiden und die Flüssigkeit auffangen. Fleisch in Folie wikkeln. Gemüse mit der Brühe im Mixer pürieren und durch ein Sieb streichen. Mit saurer Sahne verfeinern und abschmecken. Über das Steak ziehen. Dazu schmecken Nudeln oder Salzkartoffeln, gefüllte Birne mit Preiselbeeren und nach Verträglichkeit Rosenkohlgemüse oder grüne Bohnen.

Das Rezept enthält:
24 g E; 8 g F; 125 mg Ch; 8 g KH; 4 g B; 215 kcal; 903 kJ

Chinesische Schweinefleischpfanne

100 g Schweineschnitzelfleisch · 1 EL natives Olivenöl extra

3 Frühlingszwiebeln · 1 mittelgroße Möhre

1 Stange Staudensellerie · 2 EL helle Sojasauce

1 Tasse Gemüsebrühe (Seite 94) oder Hefebrühextrakt

*5 Champignons · 50 g Sojabohnensprossen**

30 g Glasnudeln · 1 EL grobgehackte glatte Petersilie

Das Fleisch in feine, lange Streifen schneiden. Öl in einer beschichteten Pfanne erhitzen und das Fleisch unter Rühren darin anbraten. Zwiebeln, Möhre und Sellerie putzen, kleinschneiden und zufügen. Mit Sojasauce und Brühe auffüllen und bei milder Hitze zugedeckt 15 Minuten garen. Pilze putzen und blättrig schneiden. Sojabohnensprossen gut abspülen, Nudeln in kaltem Wasser einweichen. Pilze und Sprossen zum Fleisch geben. Eventuell noch etwas Flüssigkeit nachfüllen, 5 Minuten köcheln. Abgetropfte Glasnudeln zufügen und gut miteinander vermischen. Vom Herd nehmen und mit der Petersilie bestreuen.

Das Rezept enthält:
32 g E; 18 g F; 70 mg Ch; 39 g KH; 10 g B; 460 kcal; 1932 kJ

Tip: Dieses Gericht läßt sich prima im Wok zubereiten und ist damit auch ein gemütliches Gästeessen. Die Mengen einfach entsprechend der Gästeanzahl multiplizieren.

* Sojabohnensprossen kann man wie Weizenkeime selber ziehen (siehe Seite 74).

Tafelspitz mit Meerrettichsauce

1 Bund Suppengrün · ½ Lorbeerblatt · 2 Pfefferkörner
¼ l Fleischbrühfond (Seite 94) oder Kalbsfond aus dem Glas
200 g Tafelspitz · Salz · 10 g Butter
10 g Mehl (Mehlbutter) · 1 EL frisch geriebener Meerrettich
2 EL leichte Sahne (12 % Fett) · ½ Zitrone · Zucker

Das Suppengrün putzen, waschen und klein schneiden. Zusammen mit Lorbeer und Pfefferkörnern in der Brühe zum Kochen bringen. Tafelspitz rundherum leicht salzen, in die Brühe geben und zugedeckt bei milder Hitze 50 Minuten garen. Herausnehmen und in Alufolie wickeln. Brühe im Mixer pürieren und durch ein feines Haarsieb streichen. Wieder erhitzen und mit der Mehlbutter andicken (Tip Seite 63). Meerrettich mit Sahne zufügen und mit Salz, Zitronensaft und Zucker abschmecken. Dazu schmekken Salzkartoffeln und ein knackiger Salat.

Das Rezept enthält:
22 g E; 27 g F; 111 mg Ch; 20 g KH; 2 g B; 440 kcal; 1848 kJ

Fleischklößchen in Spargelcreme

(Foto Seite 141)

250 g Bruchspargel · Salz

1 Prise Zucker · 100 g Zuckerschoten

100 g reines Rinderhack · 1 EL Magerquark

1 TL extrafeine Kapern · 1 Prise Pfeffer · 1 TL Senf

10 g Butter oder Butterschmalz · 10 g Mehl (Mehlbutter)

¼ Zitrone · ½ TL Kurkuma

Spargel schälen und in ¼ l Wasser mit etwas Salz und einer Prise Zucker weich kochen. Mit einer Schaumkelle herausheben, in Eiswasser abschrecken und gut abtropfen lassen. Zuckerschoten waschen, abfädeln und in dem Spargelwasser 1–2 Minuten kochen, mit einem Schaumlöffel herausheben und in Eiswasser abschrecken. Fleisch mit Quark, Kapern, etwas Salz, Pfeffer und Senf verkneten. Mit nassen Händen kleine Bällchen formen und diese in dem kochenden Gemüsewasser garziehen lassen. Herausnehmen und in Alufolie warm halten. Die Brühe durch ein Sieb gießen und wieder erhitzen. Butter mit dem Mehl verkneten und mit einem Schneebesen unter die heiße Brühe schlagen. 5 Minuten köcheln lassen. Mit etwas Zitronensaft und Kurkuma abschmekken. Fleischklößchen, Spargel und Zuckerschoten in die Sauce geben und kurz erhitzen. Dazu schmecken Reis, Nudeln oder Kartoffeln.

Das Rezept enthält:
32 g E; 22 g F; 94 mg Ch; 21 g KH; 8 g B; 450 kcal; 1890 kJ

Fisch und Meeresfrüchte

Seeteufel in Wirsing

(Titelfoto)

100 g Seeteufel · ½ Zitrone · Salz
2 schöne zarte Wirsingblätter
3–4 EL Gemüsebrühe (Seite 94) oder Hefebrühextrakt
2 EL Magerjoghurt · 1 TL feingehackte glatte Petersilie

Den Fisch kurz abbrausen, mit Küchenkrepp trockentupfen. Dann mit Zitronensaft säuern und mit Salz würzen. Wirsingblätter putzen, dabei die dicken Rippen flach schneiden, Blätter in kochendem Salzwasser 1–2 Minuten blanchieren (Tip Seite 60), Fisch auf die gut abgetropften Wirsingblätter legen und zusammenschlagen. Dann in Alufolie einwickeln und im vorgeheizten Backofen bei 200 Grad (Gas Stufe 3) 20 Minuten garen. Herausnehmen und in der Folie nachziehen lassen. Dann die Folie vorsichtig öffnen und den Saft auffangen. Mit dem Joghurt verschlagen und mit der Petersilie würzen. Fisch schräg in Scheiben schneiden und mit der Sauce überziehen. Dazu schmecken buntes Gemüse und Pellkartöffelchen wie auf dem Titelfoto.

Das Rezept enthält:
20 g E; 1 g F; 0 mg Ch; 8 g KH; 1 g B; 130 kcal; 566 kJ

Anmerkung: Seeteufel wird bei uns auch als Lotte oder Anglerfisch angeboten. Da er sehr häßlich aussieht, bekommt man ihn fast immer ohne Kopf und Haut. Statt Seeteufel können Sie für dieses Rezept auch frischen Kabeljau nehmen.

Gedünsteter Lachs mit Gurke

100 g frisches Lachsfilet · ½ Zitrone · Salz
4 EL leichte Sahne (12 % Fett) · 1 TL grobgehackte glatte Petersilie
½ kleine Salatgurke · Pfeffer · 1 TL feingeschnittener Dill

Den Fisch mit Zitronensaft beträufeln und leicht salzen. In eine entsprechend große Aluschale legen. Sahne mit der Petersilie verschlagen und über den Fisch ziehen. Gurke schälen, halbieren, entkernen und dann in dicke Streifen schneiden, um den Fisch legen. Zart mit Pfeffer bestäuben, mit Alufolie abdecken und in den vorgeheizten Backofen schieben. Bei 200 Grad (Gas Stufe 3) 10–15 Minuten garen. Folie öffnen und mit frischem Dill bestreuen. Dazu schmecken neue kleine Pellkartoffeln oder Salzkartoffeln.

Das Rezept enthält:
25 g E; 24 g F; 69 mg Ch; 13 g KH; 3 g B; 380 kcal; 1596 kJ

Tip: Dieses Rezept läßt sich auch gut mit anderen Fischsorten zubereiten, z.B. mit Rotbarsch, Kabeljau, Seelachs.

Pochierte Scholle mit Dillsauce

1 Zwiebel · 3 Wacholderbeeren
1 TL Senfkörner · 1 TL Zucker · 1 EL Salz
2 Zitronenscheiben (von 1 unbehandelten Frucht)
½ Tasse Weißweinessig
1 geschabte, zerkleinerte Petersilienwurzel
2 Stengel glatte Petersilie · 2 Bund Dill
1 küchenfertige kleine Scholle · 125 g Magerjoghurt
1 Eigelb (Gew.-Kl. 4) · ¼ Zitrone

Die Zwiebel abziehen und halbieren, zusammen mit Wacholderbeeren, Senfkörnern, Zucker, Zitronenscheiben, Essig, Petersilienwurzel, Petersilie und 1 Bund Dill in ½ l Wasser zum Kochen bringen. 5 Minuten ziehen lassen. Scholle unter fließend kaltem Wasser spülen, trockentupfen und in den Sud legen. Bei milder Hitze 10 Minuten ziehen lassen. 3–4 EL von dem Fischsud mit dem Joghurt verschlagen. Aufs Wasserbad stellen, Eigelb unterrühren und alles mit dem Schneebesen so lange schlagen, bis eine dickliche Cremesauce entsteht. Restlichen Dill fein schneiden und zu der Sauce geben. Mit Salz, einer Prise Zucker und einem Spritzer Zitronensaft abschmecken.

Das Rezept enthält:
24 g E; 7 g F; 369 mg Ch; 5 g KH; 0 g B; 180 kcal; 756 kJ

Kabeljau in Senfsauce (Rezept Seite 163)

Kabeljaubällchen in Kerbelsauce

100 g Kabeljaufilet · 1 Eiweiß (Gew.-Kl. 4)
1 EL leichte Sahne (12 % Fett · Salz · Muskat
⅛ l Fischfond aus dem Glas · 5 g Butter · 5 g Mehl (Mehlbutter)
1 Handvoll frischer Kerbel (ersatzweise glatte Petersilie)
½ Zitrone

Das Fischfilet zerkleinern und in der elektrischen Küchenmaschine oder mit dem Pürierstab sehr fein pürieren. Eiweiß zufügen, nochmals kurz durchmixen und 30 Minuten kühl stellen. Die gut gekühlte Sahne untermixen und mit Salz und Muskat abschmecken. 1 l Salzwasser erhitzen. Mit zwei Teelöffeln von der Fischmasse kleine Klößchen abstechen, ins Wasser geben und bei milder Hitze gar ziehen lassen. Den Fischfond erhitzen, Butter mit Mehl verkneten und mit dem Schneebesen in die Flüssigkeit schlagen, aufkochen lassen und zu einer sämigen Sauce rühren. Kerbel waschen, trockenschwenken und fein hacken, unter die Sauce mischen. Vom Herd nehmen, mit Zitronensaft und Salz abschmecken. Die fertigen Fischklößchen in die Sauce geben. Dazu schmecken Reis oder Kartoffeln und ein Salat der Saison.

Das Rezept enthält:
25 g E; 8 g F; 50 mg Ch; 11 g KH; 0 g B; 200 kcal; 840 kJ

Fischragout

100 g Kabeljaufilet · ½ Zitrone · Salz
1 dünne Stange Lauch oder 3 Frühlingszwiebeln
1 kleine Möhre · ½ kleine gelbe oder rote Paprikaschote
¼ kleine Salatgurke · 10 g Diätmargarine
1 Lorbeerblatt · ⅛ l Fischfond (aus dem Glas)
1 TL Hefebrühextrakt · je ½ Bund glatte Petersilie und Dill

Den Fisch in mundgerechte Stücke teilen, mit Zitronensaft säuern, mit Salz würzen. Gemüse waschen, putzen und zerkleinern. Je nach Verträglichkeit die Paprikaschoten vorher häuten (Tip Seite 62). Fett erhitzen, Gemüse mit Lorbeer kurz andünsten. Mit dem Fischfond auffüllen, mit Hefeextrakt würzen und zugedeckt 10 Minuten sanft köcheln. Fisch auf das Gemüse legen und 5 Minuten nur noch ziehen lassen. Mit den gehackten Kräutern bestreuen. Dazu schmecken Reis, Nudeln oder Kartoffelschnee.

Das Rezept enthält:
31 g E; 9 g F; 30 mg Ch; 25 g KH; 12 g B; 280 kcal; 1176 kJ

Gebeizte Lachsforelle mit Senfsauce

2 Portionen

250 g Lachsforellenfilet mit Haut · 1 TL grobes Meersalz

etwas zerstoßener schwarzer Pfeffer · 1 EL Zucker

etwas abgeriebene Zitronenschale (von ½ unbehandelten Frucht)

1 Bund Dill

etwas frisches Koriandergrün (ersatzweise einige grob zerstoßene Korianderkörner)

2 Wacholderbeeren · 1 Eigelb (Gew.-Kl. 4) · 1 EL Senf

1 EL Distelöl · 1 Spritzer Zitronensaft

Das Forellenfilet einmal quer halbieren und beide Seiten jeweils mit der Hautseite nach unten auf ein Brett legen. Salz, Pfeffer, Zukker, Zitronenschale, feingeschnittenen Dill und Koriandergrün sowie die zerdrückten Wacholderbeeren auf die Fischstücke verteilen, zusammenklappen, so daß die Hautseiten nach außen liegen. Fest in Klarsichtfolie wickeln, auf ein Brett legen und mit einem kompakten Gegenstand beschweren. Für mindestens 24 Stunden kühl stellen. Nach 12 Stunden den Fisch einmal umdrehen. Für die Sauce das Eigelb mit einer Prise Zucker und Senf verschlagen, langsam das Öl dazugeben und mit Zitronensaft und eventuell einer Prise Salz abschmecken. Zum Anrichten das Filet schräg in hauchdünne Scheiben schneiden und mit der Senfsauce überziehen.

Eine Portion (etwa 100 g) enthält:
22 g E; 15 g F; 202 mg Ch; 11 g KH; 0 g B; 255 kcal; 1071 kJ

Kabeljau in Senfsauce

(Foto Seite 159)

100 g Kabeljau im Stück · ½ Zitrone

Salz · ⅛ l Fischfond (aus dem Glas)

1 Lorbeerblatt · 2 Stengel glatte Petersilie

1 geputzte, zerkleinerte Frühlingszwiebel

5 g Butter und 5 g Mehl (als Mehlbutter) · 1 EL Senf

1 Prise Zucker · 2 EL Magerjoghurt

Den Fisch mit Zitronensaft säuern und mit Salz würzen. Fond mit Lorbeer, Petersilie und Zwiebel zum Kochen bringen, Fisch einlegen und bei milder Hitze 10 Minuten gar ziehen lassen. Herausheben und in Alufolie warm halten. Fond durch ein Sieb gießen, erhitzen und die mit Mehl verknetete Butter mit einem Schneebesen unterschlagen. Mit Senf und Zucker abschmecken, eventuell noch etwas nachsalzen. Mit Zitronensaft und Joghurt abrunden. Dazu schmecken Pellkartoffeln und ein Salat der Saison.

Das Rezept enthält:
20 g E; 6 g F; 42 mg Ch; 11 g KH; 0 g B; 180 kcal; 765 kJ

Gekräuterte Renke

1 unbehandelte Zitrone · 2 Frühlingszwiebeln

2 Wacholderbeeren · 1 Bund Dill · 3 Stiele glatte Petersilie

etwas frischer Borretsch · Salz

1 frische kleine, küchenfertige Renke oder ersatzweise Forelle

10 g Kräuterbutter

Die Zitrone heiß abwaschen, trockenreiben und die Schale fein abreiben. Zwiebel waschen, putzen und in dünne Ringe teilen. Wacholderbeeren im Mörser oder mit dem Messerrücken zerquetschen. Kräuter waschen, trockenschwenken und hacken. Alles miteinander mischen. Renke kurz unter fließend kaltem Wasser spülen, trockentupfen. Innen und außen leicht salzen und mit Zitronensaft beträufeln. Kräutermischung in den Fisch geben und diesen in einen Bratbeutel legen. Nach Packungsanweisung vorbereiten und in den kalten Ofen schieben. Bei 200 Grad (Gas Stufe 3) 20–25 Minuten garen. Mit der Kräuterbutter anrichten. Dazu schmecken Salzkartoffeln und Gurkengemüse.

Das Rezept enthält:
26 g E; 12 g F; 99 mg Ch; 4 g KH; 1 g B; 255 kcal; 1071 kJ

Fischroulade mit Tomatensauce

2 Frühlingszwiebeln · ½ Bund glatte Petersilie

je 1 frischer Zweig Thymian und Majoran · 1 Cornichon

½ TL frisch geriebener Meerrettich

150 g Seelachsfilet (möglichst flach und lang geschnitten, wie Rouladenfleisch)

½ Zitrone · Salz · Pfeffer

4–5 EL Fischfond (aus dem Glas) oder Gemüsebrühe (Seite 94) oder Hefebrühextrakt

250 g Tomatenstückchen aus der Tetrapackung

1 EL natives Olivenöl extra · 1 Bund Basilikum

Salz · 1 Prise Zucker · 2 EL Magerjoghurt

Die Zwiebeln waschen, putzen und hacken. Kräuter waschen, trockenschwenken und hacken. Cornichon hacken, alles mit dem Meerrettich mischen. Fisch mit Zitronensaft säuern, mit Salz und Pfeffer würzen. Die Kräuterfüllung darauf verteilen und fest zusammenrollen. Mit Rouladennadeln oder Küchenzwirn befestigen. In einen Bratbeutel geben, die Flüssigkeit angießen, die Folie nach Packungsanweisung vorbereiten und in den kalten Ofen schieben. Bei 200 Grad (Gas Stufe 3) 20 Minuten garen. Tomaten in eine beschichtete Pfanne gießen, Öl unterrühren und alles dick einköcheln lassen. Basilikum waschen, trockenschwenken und fein schneiden, unter die Tomatensauce rühren. Vom Herd nehmen, abschmecken und mit dem Joghurt abrunden. Die Roulade in der Sauce servieren. Dazu schmecken Salzkartoffeln in Dill.

Das Rezept enthält:
32 g E; 9 g F; 50 mg Ch; 15 g KH; 6 g B; 285 kcal; 1197 kJ

Rotbarsch »Florentiner Art«

250 g junger Blattspinat (ersatzweise TK-Blattspinat)
Muskat · Salz · 1 Fleischtomate · 100 g Rotbarschfilet
½ Zitrone · je ½ TL getrockneter Thymian und Rosmarin
1 EL frisch geriebener Parmesan

Den Spinat waschen und gut verlesen. Tropfnaß in einen Topf geben und bei milder Hitze zusammenfallen lassen. Mit Muskat und einer Prise Salz würzen. Fisch mit Zitronensaft säuern, mit Salz würzen. Tomate häuten (Tip Seite 62) und in dicke Scheiben schneiden. Zuerst den Spinat in einen Bratbeutel geben, darauf das Fischfilet legen und mit den Tomatenscheiben abdecken. Mit Thymian, Rosmarin und Parmesan bestreuen. Folienbeutel nach Packungsanweisung vorbereiten, in den kalten Ofen schieben und bei 200 Grad (Gas Stufe 3) 15–20 Minuten garen. Dazu schmecken Reis, Nudeln oder Pellkartoffeln.

Das Rezept enthält:
28 g E; 7 g F; 38 mg Ch; 14 g KH; 9 g B; 235 kcal; 987 kJ

Marinierter Heilbutt »Asia«

Saft von ½ Orange

½ Stange Zitronengras (ersatzweise Schnittlauch und Zitronenmelisse)

2 EL helle Sojasauce · 3 Frühlingszwiebeln

½ TL zerdrückte Korianderkörner

100 g schwarzer Heilbutt im Stück · 2 Zucchini

1 kleine Möhre

⅛ l Gemüsebrühe (Seite 94) oder Hefebrühextrakt

125 g Magerjoghurt

etwas frisches Koriandergrün und glatte Petersilie

Den Orangensaft mit dem zerkleinerten Zitronengras, Sojasauce, gewürfelten Zwiebeln und Korianderkörnern verrühren, über den Heilbutt gießen und zugedeckt mindestens 40 Minuten ziehen lassen. Zwischendurch den Fisch einmal wenden. Zucchini waschen, putzen und in fingerdicke Scheiben schneiden. Möhre schälen, waschen und in Scheiben hobeln. Alles in einen Bratbeutel geben, die Brühe angießen, das abgetropfte Fischstück einlegen und mit der Marinade überziehen. Folienbeutel nach Packungsanweisung vorbereiten und in den kalten Ofen schieben. Bei 200 Grad (Gas Stufe 3) 20–25 Minuten garen. Herausnehmen, Bratbeutel an einer Seite vorsichtig aufschneiden, Flüssigkeit abgießen und auffangen. Mit Joghurt und gehackten Kräutern verrühren, abschmecken. Gemüse mit dem Fisch anrichten und der Sauce überziehen. Salzkartoffeln mit Dill ergeben eine harmonische Beilage.

Das Rezept enthält:
29 g E; 4 g F; 50 mg Ch; 28 g KH; 9 g B; 295 kcal; 1239 kJ

Fisch in Aspik

100 g Lachsfilet (ersatzweise Schollenfilet)

½ Zitrone · Salz · 1 Msp gemahlener Koriander

1 Zweig Rosmarin · ⅛ l Fischfond (aus dem Glas)

2 EL helle Sojasauce

1 Schuß Weißweinessig (oder 3 Tropfen Balsamico-Essig)

1 Lorbeerblatt · 4 Blatt weiße Gelatine

1 kleine Gewürz- oder Dillgurke · 1 EL geriebener Meerrettich

Den Fisch mit Zitronensaft säuern, mit Salz, Koriander und Rosmarin würzen. Fischfond mit Sojasauce, Essig und Lorbeerblatt erhitzen, den Fisch 5 Minuten darin ziehen lassen und herausheben. Fond durch ein Sieb gießen. Gelatine nach Packungsanweisung vorbereiten und in der noch heißen Brühe auflösen. Gurke in feine Scheiben schneiden und zusammen mit dem Fisch in einen tiefen Teller geben. Mit der Aspikflüssigkeit übergießen und im Kühlschrank erstarren lassen. Mit dem Meerrettich anrichten. Dazu schmeckt am besten kräftiges Bauernbrot.

Das Rezept enthält:
27 g E; 14 g F; 35 mg Ch; 7 g KH; 1 g B; 270 kcal; 1134 kJ

Gratin vom Seelachs

100 g Seelachsfilet · ½ Zitrone · Salz · 100 g Champignons
1 Fleischtomate · ½ Bund glatte Petersilie
125 g Magerjoghurt · 3 EL Semmelbrösel · 10 g Butter

Den Fisch in feine Scheiben oder Würfel schneiden, mit Zitronensaft säuern, mit Salz würzen. Pilze putzen und blättrig schneiden. Tomate häuten (Tip Seite 62) und in Scheiben oder Würfel teilen. Petersilie waschen, trockenschwenken und grob hacken. Alles schichtweise in eine kleine feuerfeste Form geben. Joghurt gut verquirlen und darübergießen. Mit Semmelbröseln bestreuen, Fett in Stückchen darauf verteilen und in den vorgeheizten Backofen schieben. Bei 220 Grad (Gas: Stufe 4) 15 Minuten garen. Dazu gibt es einen Salat der Saison.

Das Rezept enthält:
33 g E; 9 g F; 57 mg Ch; 47 g KH; 7 g B; 410 kcal; 1722 kJ

Gemüse und Beilagen

Artischocken mit Tomaten- und Radieschen-Dip

2 schöne mittelgroße Artischocken · Salz
Essig oder Zitronensaft
200 g Tomatenstückchen aus der Tetrapackung
½ TL Zitronensaft · 1 Prise Zucker
2–3 Spritzer Worcestersauce · 1 Bund Radieschen
100 g Magerquark · 2 EL Joghurt-Salatcreme (30 % Fett)
1 EL Zitronensaft · Salz

Die Artischocken putzen, d. h. Stiele abbrechen, welke Blätter entfernen, Spitzen der Blätter mit der Schere begradigen, die Früchte anschließend gut waschen. Reichlich Salzwasser zum Kochen bringen, mit einem Schuß Essig säuern und die Artischocken einlegen. Bei mittlerer Hitze 25 Minuten kochen. Tomaten mit Zitronensaft, je einer Prise Zucker und Salz aufkochen und bei milder Hitze dicklich einköcheln lassen. Mit Worcestersauce abrunden. Vom Herd nehmen und abkühlen lassen. Radieschen putzen und fein raspeln. Quark mit Salatcreme und Zitronensaft verrühren, Radieschen unterheben und mit Salz abschmecken.
Artischocken auf einen Teller geben und nun nacheinander die einzelnen Blätter abzupfen. Das dicke Ende jeweils in einen der beiden Dips tauchen und mit den Zähnen abstreifen. Das »Heu«

im Inneren der Artischocke muß entfernt werden, darunter liegt dann der köstliche Boden. Er wird geviertelt und ebenfalls mit Dips gegessen.

Die Artischocken enthalten:
2 g E; 0 g F; 0 mg Ch; 11 g KH; 3 g B; 55 kcal; 231 kJ

Der Tomaten-Dip enthält:
2 g E; 0 g F; 0 mg Ch; 8 g KH; 2 g B; 45 kcal; 189 kJ

Der Radieschen-Dip enthält:
14 g E; 12 g F; 12 mg Ch; 12 g KH; 1 g B; 225 kcal; 945 kJ

Buntes Gemüse

(Titelfoto)

Je 1 kleine gelbe und rote Paprikaschote · 125 g grüner Spargel

¼ l Gemüsebrühe (Seite 94) oder Hefebrühextrakt

½ Bund glatte Petersilie

Die Paprikaschoten putzen, waschen und häuten (Tip Seite 62), Spargel putzen und in mundgerechte Stücke schneiden. Brühe erhitzen. Zerkleinerte Paprikastücke und Spargel zufügen, bei milder Hitze garen. Brühe abgießen und auffangen. Petersilie waschen, trockenschwenken und grob hacken, unter das Gemüse mischen. Die Brühe zum Essen trinken.

Das Rezept enthält:
6 g E; 1 g F; 0 mg Ch; 20 g KH; 6 g B; 105 kcal; 441 kJ

Blumenkohl mit Sesam

1 kleiner Blumenkohl (ca. 600 g) · Salz

5 g Butter · 1 TL Sesamsamen

Den Blumenkohl putzen, waschen und in Röschen teilen. In kochendem Salzwasser weich kochen. Mit einer Schaumkelle herausheben, die Butter darauf verteilen und mit dem Sesam bestreuen.

Das Rezept enthält:
16 g E; 15 g F; 12 mg Ch; 14 g KH; 15 g B; 285 kcal; 1197 kJ

Tip: Wer Blumenkohl nicht gut verträgt, sollte mal Romanesco oder Brokkoli versuchen.

Rübenmus mit gedünsteten Äpfeln

¼ kleine Kohl- oder Steckrübe

⅛ l Fleischbrühfond oder Gemüsebrühe (Seite 94)

1 EL leichte Sahne (12 % Fett) · Muskat

Salz · 1 kleiner Apfel · 5 g Butter

Die Rübe waschen, schälen und würfeln. In der Brühe sehr weich kochen, anschließend im elektrischen Mixer pürieren. Mit der Sahne verfeinern und mit den Gewürzen abschmecken. Apfel dünn schälen, vierteln, entkernen und in feine Scheibchen aufschneiden. Fett in einer beschichteten Pfanne schmelzen und den Apfel unter ständigem Rühren goldgelb schmoren. Über das fertige Mus geben.

Das Rezept enthält:
3 g E; 6 g F; 19 mg Ch; 36 g KH; 10 g B; 215 kcal; 903 kJ

Tip: Wer's verträgt, gibt zu den Äpfeln noch eine kleine, in Ringe geschnittene Zwiebel.

Geschmorte Artischocken

100 g Artischockenherzen (frisch gekocht oder naturell aus dem Glas)

Pfeffer · ½ unbehandelte Zitrone · 100 g Champignons

1 Schalotte · ½ Bund glatte Petersilie

½ Tasse Fleischbrühfond oder Gemüsebrühe (Seite 94)

Die Artischockenherzen gut abtropfen lassen und in eine kleine feuerfeste Form legen. Mit einem Hauch Pfeffer bestäuben und mit abgeriebener Zitronenschale bestreuen. Pilze putzen und blättrig schneiden, auf den Artischocken verteilen. Schalotte abziehen, fein würfeln und zufügen. Petersilie waschen, trockenschwenken, Blättchen von den Stielen zupfen und darüberstreuen. Mit der Brühe und etwas Zitronensaft aufgießen. Form mit Alufolie verschließen und in den vorgeheizten Backofen schieben. Bei 200 Grad (Gas: Stufe 3) 15 Minuten schmoren.

Das Rezept enthält:
5 g E; 0 g F; 0 mg Ch; 23 g KH; 5 g B; 115 kcal; 483 kJ

Geschmorter Lauch mit Joghurt

2 dünne Stangen Lauch

1/8 l Gemüse- oder Fleischbrühe (Seite 94)

1/2 TL Kümmel · 1 TL geschälter und geraspelter Ingwer

125 g Magerjoghurt · 1/2 Zitrone

einige Blättchen frisches Koriandergrün oder glatte Petersilie

Den Lauch putzen, waschen und in 3 cm lange Stücke teilen. In die kochende Brühe geben, mit Kümmel und Ingwer würzen und bei mittlerer Hitze weich kochen. Vom Herd nehmen, den gut verquirlten Joghurt unterrühren, mit Zitronensaft und gehackten Kräutern abschmecken.

Das Rezept enthält:
10 g E; 1 g F; 0 mg Ch; 24 g KH; 6 g B; 145 kcal; 609 kJ

Tip: Wer Lauch nicht verträgt, kann dieses Rezept mit Möhren abwandeln.

Pilzpfanne

Je 100 g Austernpilze und Champignons

2 Frühlingszwiebeln · 1 EL natives Olivenöl extra

1 EL Sesamsamen · 2 EL helle Sojasauce

Die Pilze putzen und in mundgerechte Stücke schneiden. Zwiebel waschen, putzen und fein hacken. Öl in einer beschichteten Pfanne erhitzen. Pilze und Zwiebeln darin andünsten und unter ständigem Rühren 7 Minuten garen. Sesam und Sojasauce zufügen, gut durchmischen und nochmals 2 Minuten schmoren.

Das Rezept enthält:
9 g E; 20 g F; 0 mg Ch; 4 g KH; 8 g B; 250 kcal; 1050 kJ

Kohlrabi mit Zuckerschoten

1 kleiner Kohlrabi · 100 g Zuckerschoten

1/8 l Gemüsebrühe (Seite 94) oder Hefebrühextrakt

1/2 TL Speisestärke · 1/2 Bund glatte Petersilie (gehackt)

Den Kohlrabi schälen, besonders zarte Blättchen beiseite legen. Gemüse vierteln, dann in dünne Scheibchen schneiden. In der kochenden Brühe 10 Minuten garen. Zuckerschoten waschen, abfädeln, einmal schräg durchschneiden und zum Kohlrabi geben. Bei milder Hitze 3 Minuten ziehen lassen. Stärke mit etwas kaltem Wasser anrühren und zufügen. Einmal aufkochen und vom Herd nehmen. Mit Kohlrabiblättchen und Petersilie bestreuen.

Das Rezept enthält:
8 g E; 0 g F; 0 mg Ch; 26 g KH; 7 g B; 145 kcal; 609 kJ

Linsenpüree mit Tomatenvinaigrette

2 Portionen

100 g grüne oder braune Linsen

½ l Gemüsebrühe (Seite 94) oder Hefebrühextrakt

1 Kräutersträußchen (1 Lorbeerbatt, je 2 getrocknete Zweige Estragon und Rosmarin, 2 frische Zweige glatte Petersilie)

1 Bund Suppengrün · 1 kleine Kartoffel · 10 g Butter

½ TL grob geschroteter Koriander · 1 Prise Nelkenpuder

1 TL Balsamico-Essig · 1 Tomate · 1 EL Walnußöl

Salz · glatte Petersilie

Die Linsen 60 Minuten einweichen, abgießen und mit der Brühe zum Kochen bringen. Das Kräutersträußchen darauflegen und zugedeckt 20 Minuten kochen. Suppengrün waschen, putzen, Kartoffel schälen, alles klein würfeln. Butter erhitzen, Gemüse darin andünsten, mit Koriander, Nelkenpuder und Essig würzen. Linsen mit der Flüssigkeit zufügen, Kräutersträußchen entfernen. Alles 40 Minuten weitergaren. Anschließend fein pürieren. Tomate häuten (Tip Seite 62), entkernen und klein würfeln. Mit Öl verrühren, mit Salz und gehackter Petersilie mischen und auf das fertige Linsenpüree geben.

Eine Portion enthält:
15 g E; 9 g F; 12 mg Ch; 48 g KH; 10 g B; 315 kcal; 1323 kJ

Anmerkung: Dieses Püree kann als Beigabe zu Fisch oder Fleisch gegessen werden. Es ist aber auch ein eigenständiger kleiner Imbiß oder zusammen mit einem Gemüse nach Wahl ein vegetarisches Hauptgericht.

(v.l.n.r.) *Tomate mit Hackfleisch, Zwiebel mit Leberfüllung, Kohlrabi mit Rosinenreis, Gefüllte Kartoffel*
(Rezepte Seite 181, 182, 183)

Sahnewirsing

350 g junger zarter Wirsing · 1 Schalotte · 5 g Butter
1/8 l Gemüsebrühe (Seite 94) oder Hefebrühextrakt
2–3 EL leichte Sahne (12 % Fett) · Muskat

Den Wirsing waschen, putzen und die Rippen flach schneiden. Blätter in breite Streifen teilen. Schalotte abziehen und fein würfeln. In der erhitzten Butter glasig dünsten. Wirsing zufügen, die Brühe angießen und zugedeckt bei milder Hitze 12 Minuten weich kochen. Sahne unterrühren und offen etwas einkochen lassen. Mit Muskat und eventuell etwas Salz würzen.

Das Rezept enthält:
8 g E; 9 g F; 26 mg Ch; 18 g KH; 8 g B; 195 kcal; 819 kJ

Spargel-Champignon-Gemüse

200 g weißer Spargel · 100 g Champignons
5 g Butter · Salz · 1/4 Zitrone · 1 Prise Zucker
2 EL leichte Sahne (12 % Fett) · 1 Beet Kresse

Den Spargel schälen, in mundgerechte Stücke schneiden und in wenig kochendem Salzwasser 10 Minuten garen. Herausnehmen, in Eiswasser abschrecken und gut abtropfen lassen. Champignons putzen, vierteln und in der zerlassenen Butter 5 Minuten unter Rühren andünsten. Spargel zufügen, leicht salzen, mit Zitronensaft und Zucker abschmecken. Sahne unterrühren, 3 Minuten köcheln lassen, dann mit der Kresse bestreuen.

Das Rezept enthält:
7 g E; 8 g F; 26 mg Ch; 5 g KH; 5 g B; 135 kcal; 567 kJ

Gurkengemüse

1 kleine Salatgurke

0,1 l Kalbsfond (aus dem Glas) oder Fleischbrühfond (Seite 94)

3 EL saure Sahne · je 1 Prise Salz und Zucker

1 EL extrafeine Kapern · 1 Spritzer Zitronensaft

1 EL frische Dillspitzen

Die Gurke schälen, der Länge nach halbieren und die Kerne mit einem Löffel ausschaben. Die Gurke in fingerdicke Halbmonde schneiden. In den erhitzten Brühfond geben und bei milder Hitze 10 Minuten köcheln. Saure Sahne unterrühren, mit Salz, Zukker, Kapern und Zitronensaft abschmecken. Zum Schluß den Dill zufügen.

Das Rezept enthält:
3 g E; 5 g F; 17 mg Ch; 14 g KH; 3 g B; 115 kcal; 483 kJ

Petersilienwurzeln à la Crème

350 g Petersilienwurzeln · 1 Bund glatte Petersilie
⅛ l Kalbsfond (aus dem Glas) oder Fleischbrühfond (Seite 94)
2 EL leichte Sahne (12 % Fett) · Salz · ¼ Zitrone · Muskat

Die Petersilienwurzeln waschen, schälen und in fingerdicke Scheiben schneiden. Petersilie waschen, trockenschwenken und die Blättchen von den Stielen zupfen. Die Stiele mit Küchenzwirn zusammenbinden und zusammen mit den Petersilienwurzeln in die kochende Brühe geben. Zugedeckt bei milder Hitze 15–20 Minuten köcheln. Petersilienstengel herausnehmen, Zwirn entfernen und zusammen mit 2 EL von dem Gemüse im elektrischen Mixer pürieren. Wieder unter das Gemüse rühren. Mit Sahne abrunden, mit Salz, Zitronensaft und einer Prise Muskat abschmekken. Zum Schluß grobgehackte Petersilie untermischen.

Das Rezept enthält:
11 g E; 5 g F; 14 mg Ch; 19 g KH; 14 g B; 175 kcal; 735 kJ

Süß-saures Kürbisgemüse

350 g Gärtnerkürbis oder Squash
10 g Butter · 4 Frühlingszwiebeln
50 g frische Shiitake-Pilze (ersatzweise Champignons)
Zucker · Essig · Salz · etwas frischer Kerbel

Den Kürbis schälen, entkernen und in feine Stücke teilen. In der erhitzten Butter andünsten. Zwiebeln waschen, putzen, fein hakken, Pilze säubern und zerkleinern, beides zum Kürbis geben und 3 Minuten mitdünsten. Mit Zucker, Essig und Salz abschmecken. Mit gehacktem Kerbel bestreuen.

Das Rezept enthält:
4 g E; 8 g F; 24 mg Ch; 21 g KH; 5 g B; 190 kcal; 798 kJ

Tomate mit Hackfleisch

(Foto Seite 177)

1 Fleischtomate · Salz · 1 Prise Pfeffer · 1 Schalotte
5 g Butter oder Butterschmalz · 50 g Tatarfleisch
1 EL Maiskörner (aus der Dose) · 1 EL gekochter Reis
1 EL Sojasauce · ½ TL frisch gehobelter Ingwer

Die Tomate waschen, Stielansatz entfernen. Das obere Drittel quer abschneiden und die Frucht vorsichtig aushöhlen. Tomate innen leicht salzen und und mit etwas Pfeffer würzen. Das Tomateninnere hacken. Schalotte abziehen und fein würfeln. Fett erhitzen, Fleisch hineinbröckeln und unter Rühren anbraten. Zwiebeln, Tomatenfleisch und Mais zufügen und unter Rühren 7 Minuten dünsten. Gekochten Reis untermischen, mit Sojasauce und Ingwer würzen. Alles in die Tomate füllen, in Alufolie einwickeln und im vorgeheizten Backofen bei 200 Grad (Gas Stufe 3) 15 bis 20 Minuten backen.

Das Rezept enthält:
14 g E; 6 g F; 52 mg Ch; 24 g KH; 3 g B; 220 kcal; 924 kJ

Zwiebel mit Leberfüllung

(Foto Seite 177)

1 Gemüsezwiebel · 50 g Geflügelleber · 50 g Champignons
5 g Butter oder Butterschmalz · 1 EL frisch geriebener Parmesan
1 TL feingehackte glatte Petersilie

Die Zwiebel abziehen, dann einen Deckel abschneiden und die Frucht vorsichtig aushöhlen. Man kann die Zwiebel auch blanchieren (Tip Seite 60), dann geht das Aushöhlen etwas leichter. Das Zwiebelinnere fein hacken. Leber säubern und zerkleinern. Pilze putzen und hacken, alles in dem erhitzten Fett andünsten. In die Zwiebel füllen, mit dem Parmesan bestreuen, in Alufolie wickeln und im vorgeheizten Backofen bei 200 Grad (Gas Stufe 3) 45 Minuten backen.

Das Rezept enthält:
19 g E; 9 g F; 301 mg Ch; 23 g KH; 11 g B; 275 kcal; 1155 kJ

Tip: Je nach Verträglichkeit statt der Zwiebel für dieses Rezept einen Apfel, am besten Boskop, nehmen.

Gefüllte Kartoffel

(Foto Seite 177)

1 große, festkochende Kartoffel (ca. 200 g) · 1 Tomate
50 g feines Kalbsbrät · 2 frische Zweige Thymian
etwas Majoran · 3 Stengel glatte Petersilie
1 EL geriebener Emmentaler · 1 Prise Muskat

Die Kartoffel gut waschen und im Kartoffeltopf 20 Minuten dämpfen. Herausnehmen, von der Kartoffel einen Deckel abschneiden und aushöhlen. Das Kartoffelinnere zerstampfen. Tomate häuten (Tip Seite 62) und fein würfeln. Zusammen mit dem Kalbsbrät unter die Kartoffelmasse mischen. Kräuter waschen, trockenschwenken und fein hacken, zufügen, mit Käse und Muskat verfeinern, abschmecken und die Kartoffel damit füllen. In Alufolie wickeln und im vorgeheizten Backofen bei 200 Grad (Gas Stufe 3) 25 bis 30 Minuten backen.

Das Rezept enthält:
13 g E; 14 g F; 57 mg Ch; 35 g KH; 6 g B; 335 kcal; 1373 kJ

Tip: Nach diesem Rezept lassen sich auch Zucchini (siehe Foto Seite 177) oder Auberginen füllen.

Kohlrabi mit Rosinenreis

(Foto Seite 177)

1 großer Kohlrabi · 2 EL gekochter Reis
1 EL eingeweichte Rosinen · 1 TL geschälte, gehackte Mandeln
1 EL geraspelte Möhren · 5 g Butter oder Butterschmalz
1 EL frisch geriebener Parmesan (ersatzweise Emmentaler)

Den Kohlrabi schälen, das zarte Kohlrabigrün beiseite legen. Das Gemüse in kochendem Salzwasser 10 Minuten vorgaren. Herausnehmen, einen Deckel abschneiden und die Frucht vorsichtig aushöhlen. Das Kohlrabiinnere hacken. Zusammen mit Reis, gut abgetropften Rosinen, Mandeln und Möhren in dem erhitzten Fett andünsten. Das kleingeschnittene Kohlrabigrün zufügen und alles in den Kohlrabi füllen. Mit dem Käse überstreuen, in Alufolie wickeln und im vorgeheizten Backofen bei 200 Grad (Gas Stufe 3) 25 Minuten backen.

Das Rezept enthält:
8 g E; 9 g F; 24 mg Ch; 25 g KH; 5 g B; 230 kcal; 966 kJ

Kartoffelpüree

250 g mehligkochende Kartoffeln

3–4 EL Milch (1,5 % Fett) · Salz

Die Kartoffeln waschen, schälen, halbieren und mit Wasser bedeckt, noch besser im Kartoffeldampftopf, weich kochen. Durch eine Kartoffelpresse drücken und mit Milch sämig rühren, mit Salz abschmecken.

Das Rezept enthält:
6 g E; 1,5 g F; 5 mg Ch; 44 g KH; 6 g B; 220 kcal; 924 kJ

Tip: Zur Verfeinerung mit etwas Butter oder Sahne verrühren. Für die eiweißarme Diät Wasser statt Milch nehmen.

Kartoffelschnee

200 g mehligkochende Kartoffeln · Muskat · Salz

Die Kartoffeln waschen, kochen, pellen und durch eine Kartoffelpresse drücken. Nach Geschmack würzen.

Das Rezept enthält:
4 g E; 0 g F; 0 mg Ch; 31 g KH; 5 g B; 140 kcal; 588 kJ

Spinat-Kartoffeln

150 g mehligkochende Kartoffeln
200 g junger Blattspinat oder TK-Blattspinat
4–5 EL leichte Sahne (12 % Fett)
½ Bund Basilikum · Salz · Muskat

Die Kartoffeln schälen, waschen, halbieren und weich kochen. Durch die Kartoffelpresse drücken. Spinat waschen, verlesen und tropfnaß in einen Topf geben. Bei milder Hitze zusammenfallen lassen. Gut abtropfen, fest ausdrücken, hacken und mit den Kartoffeln mischen. Sahne unterrühren und nach Geschmack würzen.

Das Rezept enthält:
10 g E; 12 g F; 34 mg Ch; 28 g KH; 8 g B; 255 kcal; 1071 kJ

Dill-Kartoffeln

200 g vorwiegend festkochende Kartoffeln
Salz · ½ Bund Dill

Die Kartoffeln waschen, schälen und halbieren. Im Dampftopf oder mit Salzwasser bedeckt weich kochen, abgießen, ausdampfen lassen und mit dem feingeschnittenen Dill mischen.

Das Rezept enthält:
4 g E; 0 g F; 0 mg Ch; 31 g KH; 5 g B; 145 kcal; 609 kJ

Haushofmeister-Kartoffeln

200 g vorwiegend festkochende Kartoffeln · 1/8 l Milch (1,5 % Fett)
Salz · glatte Petersilie

Die Kartoffeln waschen, garen, abgießen und pellen. In fingerdikke Scheiben schneiden. Milch erhitzen, eine Prise Salz und die Kartoffelscheiben zufügen und bei milder Hitze sämig kochen. Petersilie waschen, trockenschwenken, Blättchen von den Stielen zupfen, grob hacken und unter die Kartoffeln mischen.

Das Rezept enthält:
8 g E; 2 g F; 6 mg Ch; 37 g KH; 5 g B; 205 kcal; 861 kJ

Maire-Kartoffeln

200 g mehligkochende Kartoffeln
je 0,1 l Milch (1,5 % Fett) und Gemüsebrühe (Seite 94) oder Hefebrühextrakt

Die Kartoffeln waschen, schälen und in sehr dünne Scheiben hobeln. Milch mit Brühe vermischen, Kartoffeln zufügen und langsam darin weich kochen.

Das Rezept enthält:
8 g E; 1,5 g F; 5 mg Ch; 44 g KH; 5 g B; 210 kcal; 882 kJ

Artischocken-Kartoffelpüree

200 g mehligkochende Kartoffeln · 0,1 l Magermilch
4 Artischockenböden (naturell, aus dem Glas)
¼ Zitrone · Salz

Die Kartoffeln waschen, kochen, abgießen und pellen. Durch die Kartoffelpresse drücken. Milch mit den Artischocken erhitzen, etwas abgekühlt im Mixer pürieren und unter die Kartoffelmasse rühren. Mit Zitronensaft und Salz abschmecken.

Das Rezept enthält:
9 g E; 0 g F; 0 mg Ch; 46 g KH; 8 g B; 230 kcal; 966 kJ

Farbiges Kartoffelpüree

100 g mehligkochende Kartoffeln · 100 g Möhren
¼ l Gemüsebrühe (Seite 94) oder Hefebrühextrakt
½ Bund glatte Petersilie · 1 Spritzer Zitronensaft
1 Prise Zucker

Kartoffel und Möhren waschen, schälen und würfeln. In die Brühe geben und weich kochen. Mit einem Kartoffelstampfer alles fein zermusen. Mit feingehackter Petersilie, Zitronensaft und Zucker, eventuell noch etwas Salz, abschmecken.

Das Rezept enthält:
4 g E; 0 g F; 0 mg Ch; 28 g KH; 6 g B; 130 kcal; 546 kJ

Gebackene Ofenkartoffel

1 große, mehligkochende Kartoffel (ca. 200 g)

10 g Kräuterbutter

Die Kartoffel gut waschen, abbürsten, die Oberseite kreuzweise leicht einritzen und in ein entsprechend großes Stück Alufolie wickeln. Im vorgeheizten Backofen bei 220 Grad (Gas Stufe 4) 45 bis 50 Minuten backen. Folie öffnen, Kartoffel leicht auseinanderdrücken und die Kräuterbutter darauf zerlaufen lassen.

Das Rezept enthält:
4 g E; 8 g F; 24 mg Ch; 31 g KH; 5 g B; 215 kcal; 903 kJ

Tip: Die gebackene Ofenkartoffel schmeckt auch sehr gut mit einer Sauce aus Magerjoghurt, Apfel- und Gewürzgurkenwürfeln. Dann ergibt sie ein vollwertiges Essen.

Vegetarische Gerichte

Artischockenreis

2 junge, zarte Artischocken (ersatzweise 4 Artischockenherzen naturell aus dem Glas)

½ Zitrone · 1 kleine Zwiebel oder Schalotte

2 EL natives Olivenöl extra · je 1 Prise Fenchel- oder Anissamen

100 g Risotto- oder Rundkornreis

½ l Gemüsebrühe (Seite 94) oder Hefebrühextrakt

½ Bund glatte Petersilie

Salz · 1 EL frisch geriebener Parmesan

Die Artischockenstiele abschneiden und äußere Blätter entfernen. Gleich mit etwas Zitronensaft einreiben. Die Früchte halbieren, längs in dünne Scheiben schneiden und im restlichen Zitronensaft wenden. Zwiebel abziehen und fein würfeln. In erhitztem Öl glasig dünsten, Gewürzsamen und Artischocken – bis auf vier Scheiben – zufügen, unter Rühren 3 Minuten dünsten. Reis zufügen und mit Brühe auffüllen. Vorsichtig umrühren und bei milder Hitze 25 Minuten ausquellen lassen. Petersilie waschen, trockenschwenken, Blättchen von den Stielen zupfen. Einige beiseite legen, den Rest fein hacken. Unter den Reis mischen. Abschmecken, vom Herd nehmen, Käse und restliche Petersilienblätter untermischen, mit übrigen Artischocken garnieren.

Das Rezept enthält:
16 g E; 20 g F; 7 mg Ch; 94 g KH; 6 g B; 650 kcal; 2730 kJ

Joghurtkartoffeln mit Möhren

250 g neue, festkochende Kartoffeln · Salz · Pfeffer
½ l Gemüsebrühe (Seite 94) oder Hefebrühextrakt
1 Knoblauchzehe (nach Verträglichkeit)
5 g Butter · 1 TL Korianderkörner
150 g Naturjoghurt (3,5 % Fett)
etwas abgeriebene Zitronenschale von ½ unbehandelten Frucht
1 mittelgroße Möhre · ½ Bund glatte Petersilie

Die Kartoffeln gut abbürsten und waschen, jeweils längs halbieren und mit der gewölbten Seite nach oben in eine feuerfeste Form legen. Leicht salzen und mit etwas Pfeffer bestäuben. Die Brühe angießen und im vorgeheizten Backofen bei 220 Grad (Gas Stufe 4) 25–30 Minuten backen. Knoblauch abziehen und fein hacken, in erhitztem Fett andünsten, Korianderkörner zerdrükken und zugeben, unter Rühren anrösten. Joghurt verquirlen und zufügen, alles gut verrühren und mit einer Prise Salz, Zitronenschale und etwas Zitronensaft würzen. Über die Kartoffeln ziehen. Ofen auf 150 Grad (Gas Stufe 2) herunterschalten und 15 Minuten weiterschmoren. Möhre schälen, waschen und fein raspeln, zusammen mit feingehackter Petersilie auf die fertigen Kartoffeln geben.

Das Rezept enthält:
11 g E; 10 g F; 28 mg Ch; 50 g KH; 11 g B; 365 kcal; 1533 kJ

Tofu-Geschnetzeltes

100 g Natur-Tofu · 2 EL Sojasauce

1 TL Honig · Saft von ½ Zitrone · 3 Frühlingszwiebeln

1 kleine rote Paprikaschote

125 g Austernpilze oder Champignons

20 g Brunnenkresse

1 Handvoll Sojabohnensprossen (siehe Anleitung Seite 74)

2 EL natives Olivenöl extra

1 TL geschälter und geraspelter Ingwer

⅛ l Gemüsebrühe (Seite 94) oder Hefebrühextrakt

Den Tofu in 4 cm lange und 1 cm dünne Streifen schneiden. Sojasauce mit Honig und Zitronensaft verrühren, über den Tofu gießen und zugedeckt 30 Minuten marinieren, zwischendurch öfter umrühren. Zwiebel putzen, waschen und fein hacken. Paprika häuten (Tip Seite 62) und in feine Streifen schneiden. Pilze säubern und blättrig schneiden. Kresse und Sprossen kurz abspülen und gut abtropfen lassen. Öl in einer beschichteten Pfanne erhitzen, abgetropften Tofu mit dem Ingwer darin kurz von allen Seiten anbraten, herausnehmen. Gemüse bis auf Kresse und Sprossen, in dem Bratenfett andünsten, mit Brühe auffüllen und bei milder Hitze 10 Minuten köcheln. Mit Tofumarinade würzen. Tofu, Kresse und Sprossen vorsichtig untermengen und nochmals abschmecken.

Das Rezept enthält:
13 g E; 20 g F; 0 mg Ch; 22 g KH; 5 g B; 325 kcal; 1365 kJ

Kartoffeln mit Sprossenquark

200 g festkochende Kartoffeln

200 g Speisequark (20 % Fett i. Tr.) · 3–4 EL Buttermilch

1 TL Hefebrühextrakt · 1 kleine Zwiebel

2 EL gemischte Sprossen nach Wahl (z. B. Rettich, Senf, Radieschen, Alfalfa – selbstgezogen, wie auf Seite 74 beschrieben)

Die Kartoffeln gut waschen und im Dampftopf oder mit Wasser bedeckt garen. Abgießen und ausdämpfen. Pellen und warm halten. Neue Kartoffeln brauchen nicht gepellt zu werden. Quark mit Buttermilch verrühren, mit Hefeextrakt würzen. Zwiebel abziehen und sehr fein hacken. Zusammen mit den abgespülten und gut abgetropften Sprossen unter den Quark mischen. Mit den Kartoffeln anrichten.

Das Rezept enthält:
32 g E; 11 g F; 38 mg Ch; 49 g KH; 7 g B; 445 kcal; 1869 kJ

Weizen mit Gemüse

80 g Weizenkörner (aus biologischem Anbau)

1 EL Hefebrühextrakt · 1 dünne Stange Lauch · 1 Zucchini

100 g Pilze · 1 kleine rote Paprikaschote

2 EL natives Olivenöl extra

1 Tasse Gemüsebrühe (Seite 94) · 1 TL getrockneter Thymian

etwas Majoran · Pfeffer · ½ Bund glatte Petersilie

Die Weizenkörner gut mit Wasser bedecken und über Nacht stehenlassen. Dann mit dem Einweichwasser und Hefebrühextrakt zum Kochen bringen und bei milder Hitze 60 Minuten köcheln. Ausschalten und nachquellen lassen. Gemüse putzen, je nach Verträglichkeit Paprika vorher häuten (Tip Seite 62). Alles in mundgerechte Stücke schneiden. In erhitztem Öl andünsten. Mit Brühe auffüllen und bei milder Hitze 10 Minuten garen. Mit Kräutern und Pfeffer würzen. Weizenkörner untermischen und mit reichlich gehackter Petersilie bestreuen.

Das Rezept enthält:
20 g E; 18 g F; 0 mg Ch; 65 g KH; 16 g B; 520 kcal; 2184 kJ

Ofenkartoffel mit gegrilltem Camembert

1 große, mehligkochende Kartoffel (ca. 200 g)

1 mittelreifer Camembert (62,5 g/45 % Fett i. Tr.)

1 Prise Pfeffer · 1 kleine Möhre · ¼ kleine Salatgurke

½ Zitrone · Salz · 1 TL feingeschnittener Dill

Die Kartoffel gut waschen. Die Oberseite kreuzweise etwas einschneiden. Kartoffel in Alufolie wickeln und im vorgeheizten Backofen bei 220 Grad (Gas Stufe 4) 45–50 Minuten backen. Camembert auf den Grill legen und bei Stufe 2 sanft schmelzen lassen. Umdrehen, auf ein Stück Alufolie legen und 3 Minuten fertig grillen. Möhre und Gurke schälen, fein raspeln. Zitrone auspressen, Saft mit einer Prise Salz, Pfeffer und dem Dill verrühren. Kartoffel aus der Folie nehmen und auseinanderdrücken, die Rohkost darüberstreuen, mit der Marinade beträufeln und den Käse dazu anrichten.

Das Rezept enthält:
19 g E; 14 g F; 44 mg Ch; 42 g KH; 10 g B; 380 kcal; 1596 kJ

Tomaten-Pizza

Für 2 Portionen

100 g Weizenmehl (Type 1050) · 3 EL natives Olivenöl extra
Salz · 3–4 EL Wasser · 1 Eigelb (Gew.-Kl. 4)
400 g Tomaten · 1 EL Tomatenmark
2 TL getrockneter Thymian · etwas Majoran
Beifuß oder Wermut · 100 g Mozzarella
Pfeffer · 1 Bund Basilikum

Mehl mit 1 EL Öl, einer Prise Salz, Wasser und Eigelb zu einem Teig verkneten. Zugedeckt mindestens 30 Minuten ruhen lassen. Tomaten häuten (Tip Seite 62) und in dicke Scheiben schneiden. Teig nochmals durchkneten und auf einer bemehlten Fläche kreisförmig dünn ausrollen. Auf ein mit Backtrennpapier ausgelegtes Backblech legen. Mit Tomatenmark bestreichen, mit Tomatenscheiben belegen. Mit Thymian, Majoran und Beifuß bestreuen. Den in Scheiben geschnittenen Käse darauf verteilen, mit etwas Pfeffer bestäuben und mit dem restlichen Öl beträufeln. Im vorgeheizten Backofen bei 250 Grad (Gas Stufe 5) 10–12 Minuten backen. Mit Basilikumblättchen garnieren.

Eine Portion enthält:
19 g E; 26 g F; 180 mg Ch; 41 g KH; 7 g B; 475 kcal; 1995 kJ

Spinat-Auflauf (Rezept Seite 203)

Gefüllter Pfannkuchen mit Artischocken

1 Ei (Gew.-Kl. 3) · 70 g Weizenmehl (Type 1050)
50 ml Milch (1,5 % Fett) · 2–4 EL Mineralwasser · Salz
je 2 Artischockenböden und -herzen (frisch gekocht oder naturell aus dem Glas)
1 Fleischtomate · 3 frische Champignons · ½ Zitrone
½ Bund glatte Petersilie · 1 EL natives Olivenöl extra
1 EL frisch geriebener Parmesan

Das Ei mit Mehl, Milch, Wasser und einer Prise Salz glatt verrühren und 30 Minuten quellen lassen. Ist der Teig zu dick, noch etwas Wasser zufügen. Artischocken würfeln. Tomate häuten (Tip Seite 62) und würfeln. Pilze putzen und blättrig hobeln. Das Gemüse miteinander vermischen, mit Zitronensaft, Salz und feingehackter Petersilie würzen. Eine beschichtete Pfanne mit Öl auspinseln und erhitzen. Teig einfüllen, glattstreichen und von jeder Seite goldgelb backen. Auf eine Seite die Gemüsefüllung geben, zusammenklappen und mit dem Käse bestreuen. Nach Belieben noch kurz unterm heißen Grill gratinieren.

Das Rezept enthält:
26 g E; 19 g F; 323 mg Ch; 77 g KH; 13 g B; 575 kcal; 2415 kJ

Buchweizenpalatschinken mit Spinat-Käsefüllung auf Tomatenkompott

50 g Weizenvollkornmehl · 20 g feingemahlener Buchweizen
1 Ei (Gew.-Kl. 3) · 0,175 l Buttermilch · Salz
1 EL natives Olivenöl extra
350 g junger Blattspinat (oder TK-Blattspinat) oder Mangold
50 g milder Schafskäse · Muskat
1 EL feingehackte glatte Petersilie · ½ TL getrockneter Thymian
250 g Tomatenstückchen aus der Tetrapackung
1 Bund Basilikum

Das Weizenvollkornmehl mit Buchweizenmehl mischen. Ei, Buttermilch und eine Prise Salz zufügen und alles zu einem Pfannkuchenteig rühren. Mindestens 30 Minuten quellen lassen. Eine beschichtete Pfanne mit Öl auspinseln, erhitzen und drei kleine Palatschinken aus dem Teig darin backen. Spinat waschen und verlesen. Tropfnaß in einen Topf geben und bei milder Hitze zusammenfallen lassen. Abtropfen und fest ausdrücken. Mit zerbröckeltem Käse, Muskat, Petersilie und Thymian vermischen und abschmecken. Diese Mischung auf die Palatschinken verteilen und warm halten. Tomaten etwas einköcheln lassen, mit feingeschnittenem Basilikum abschmecken und auf einen Teller füllen, die Palatschinken darauf anrichten.

Das Rezept enthält:
39 g E; 28 g F; 351 mg Ch; 62 g KH; 17 g B; 690 kcal; 2898 kJ

Gemüseragout mit Grünkernklößchen

1 kleine Zwiebel · 1 TL natives Olivenöl extra
70 g Grünkernschrot
0,1 l Gemüsebrühe (Seite 94) oder Hefebrühextrakt
1 Ei (Gew.-Kl. 4) · 1 TL feingehackte glatte Petersilie
1 Msp getrockneter Thymian · 1 EL Weizenvollkornmehl
Muskat · 1 Möhre · ½ kleiner Knollensellerie
1 dünne Stange Lauch
200 g Rosenkohl (nach Verträglichkeit, sonst Kohlrabi nehmen)
¼ l Gemüsebrühe · 0,1 l leichte Sahne (12 % Fett)
1 EL Saucenbinder (hell) · 1 EL extrafeine Kapern
1 EL gemischte Sprossen (Alfalfa, Rettich, Radieschen, siehe Anleitung Seite 74)

Die Zwiebel abziehen, fein würfeln und in dem erhitzten Öl glasig dünsten. Grünkernschrot zufügen und 3 Minuten mitrösten. Die heiße Brühe angießen, einmal aufkochen und bei milder Hitze ausquellen lassen. Vom Herd nehmen, nach kurzem Abkühlen mit Ei, Kräutern und Mehl vermischen. Mit etwas abgeriebener Muskatnuß würzen. Mit nassen Händen aus der Masse kleine Klöße formen und in kochendem Salzwasser gar ziehen lassen. Gemüse putzen, waschen und in mundgerechte Stücke teilen. Wird Rosenkohl genommen, diesen ganz entblättern und nur die Blättchen nehmen, so sind sie auch besser verträglich. Brühe mit Sahne erhitzen und die Gemüse zusammen darin weich kochen. Mit Saucenbinder sämig machen und mit Kapern abschmecken. Die Klößchen auf dem Gemüse anrichten und mit den Sprossen bestreuen.

Das Rezept enthält:
35 g E; 26 g F; 348 mg Ch; 94 g KH; 31 g B; 775 kcal; 3255 kJ

Gedünsteter Chicorée mit Auberginenschnitzel

1 kleine Aubergine · Salz

1 TL natives Olivenöl extra · 2 Stauden Chicorée

¼ l Gemüsebrühe (Seite 94) oder Hefebrühextrakt

Muskat · 3 EL frisch geriebener Parmesan

6 Salbeiblätter

Die Aubergine waschen, putzen und in dünne Scheiben schneiden. Nebeneinander auf einen Teller legen, mit Salz bestreuen und 20 Minuten ziehen lassen. Dann abgießen, abtupfen und in dem erhitzten Öl von jeder Seite anbraten. Auf Küchenkrepp abtropfen lassen. Den Chicorée putzen, an der Unterseite mit einem scharfen Messer ca. 2 cm tief kegelförmig einschneiden und den Strunk auslösen. In eine beschichtete Pfanne geben, mit Brühe begießen und zugedeckt bei milder Hitze 10 Minuten dünsten. Mit Muskat abschmecken. Auberginenscheiben jeweils mit etwas Käse bestreuen und mit Salbei belegen, schichtweise aufeinandersetzen, so daß ein kleines Türmchen entsteht. Die oberste Schicht sollte Käse sein. Auf Alufolie setzen, unterm heißen Grill kurz gratinieren. Chicorée aus der Brühe heben und zu dem Auberginenschnitzel anrichten, die Brühe dazu trinken.

Das Rezept enthält:
18 g E; 9 g F; 20 mg Ch; 17 g KH; 4 g B; 295 kcal; 1239 kJ

Gnocchi in Zitronenrahmsauce

2 Portionen

250 g mehligkochende Pellkartoffeln

50 g Weizenmehl (Type 1050) · 4 EL frisch geriebener Parmesan

1 Eigelb · Salz · 2 Schalotten · 10 g Butter

je 4 EL leichte Sahne (12 % Fett) und Gemüsebrühe (Seite 94) oder Hefebrühextrakt

5 Salbeiblättchen · Saft von ½ Zitrone

Die Kartoffeln pellen und durch eine Kartoffelpresse drücken. Mehl, 2 EL von dem Käse, Eigelb und eine Prise Salz zufügen und alles rasch zu einem Teig verkneten. Einen Topf mit Salzwasser zum Kochen bringen. Von dem Gnocchiteig jeweils kleine Portionen abstechen und zu daumendicken Nudeln formen. Diese einmal durchschneiden und ins Wasser geben. Nur kurz aufkochen und mit einer Schaumkelle herausheben. Schalotten abziehen, fein hacken, in der erhitzten Butter glasig dünsten. Mit Sahne und Brühe auffüllen und etwas einköcheln lassen. Salbei hacken und zusammen mit dem Zitronensaft zufügen. Über die fertigen Gnocchi ziehen. Dazu schmeckt ein Salat der Saison.

Eine Portion enthält:
15 g E; 16 g F; 196 mg Ch; 42 g KH; 5 g B; 380 kcal; 1596 kJ

Lasagne mit Quark und Spinat

350 g junger Blattspinat (ersatzweise TK-Blattspinat)

250 g Tomatenstückchen aus der Tetrapackung

1 EL natives Olivenöl extra · 1 kleine Zwiebel oder Schalotte

1 Knoblauchzehe (nach Verträglichkeit) · Salz

Zucker · Thymian · 100 g Magerquark

½ Bund Basilikum · Muskat · Hefebrühextrakt

4–5 Scheiben Lasagne (vorgekocht und eifrei)

2 EL frisch geriebener Parmesan

Den Spinat waschen, verlesen und tropfnaß in einen Topf geben. Bei milder Hitze zusammenfallen lassen. Abtropfen und fest ausdrücken. Tomaten in erhitztem Öl andünsten. Zwiebel und Knoblauch abziehen, fein hacken und zufügen. Alles etwas einköcheln. Mit Salz, Zucker und Thymian abschmecken. Die Hälfte davon in eine kleine feuerfeste Form füllen. Quark mit feingeschnittenem Basilikum, etwas Muskat und Hefeextrakt würzig abschmekken. Mit dem Spinat vermischen. Lasagne nach Packungsanweisung vorbereiten und zwei Blätter auf die Tomaten legen. Darauf die Quark-Spinat-Füllung verteilen, mit den übrigen Lasagnenudeln abdecken und mit restlichen Tomaten bestreichen. Käse darüberstreuen und im vorgeheizten Backofen bei 225 Grad (Gas Stufe 4) 20 Minuten überbacken.

Das Rezept enthält:
40 g E; 16 g F; 15 mg Ch; 80 g KH; 12 g B; 635 kcal; 2667 kJ

Spaghetti mit Spinatsauce

100 g Spaghetti (eifrei) · Salz · 1 EL natives Olivenöl extra

300 g junger Blattspinat (ersatzweise TK-Blattspinat)

1 Bund Basilikum · 0,1 l leichte Sahne (12 % Fett) · Muskat

1 Spritzer Zitronensaft · 2 Walnußkerne

Die Spaghetti nach Packungsanweisung in Salzwasser mit dem Öl garen. Spinat waschen, verlesen, tropfnaß in einen Topf geben und bei milder Hitze zusammenfallen lassen. Basilikum waschen, trockenschwenken, Blättchen von den Stielen zupfen und zusammen mit dem Spinat im elektrischen Mixer fein pürieren. Sahne erhitzen, etwas einköcheln, Spinatmasse unterrühren und mit Muskat, einer Prise Salz und Zitronensaft abschmecken. Walnüsse fein hacken und zufügen. Spaghetti abgießen und mit der Sauce mischen.

Das Rezept enthält:
23 g E; 15 g F; 34 mg Ch; 82 g KH; 6 g B; 560 kcal; 2352 kJ

Tip: Zu Spaghetti auch mal eine andere Sauce essen, z.B. Tomatensauce (Seite 140 oder 165) oder Zitronenrahmsauce (Seite 200).

Eintöpfe und Aufläufe

Spinat-Auflauf

(Foto Seite 195)

500 g junger Blattspinat (ersatzweise TK-Blattspinat)
1 Schalotte · 1 EL natives Olivenöl extra · 1 EL Mehl
0,1 l Magermilch · Salz · Muskat · 1 Ei (Gew.-Kl. 3)
1 EL frisch geriebener Parmesan · 5 g Butter oder Butterschmalz
1 EL Semmelbrösel

Den Spinat waschen, verlesen und tropfnaß in einen Topf geben, bei milder Hitze zusammenfallen, dann gut abtropfen lassen und hacken. Schalotte abziehen, fein würfeln und in dem erhitzten Öl glasig dünsten. Mehl darüberstäuben, mit der Milch ablöschen und zu einer sämigen Sauce rühren. Spinat unterheben, mit Gewürzen und Käse abschmecken. Ei trennen. Eigelb unter die Spinatmasse rühren. Eiweiß mit einer Prise Salz sehr steif schlagen und unterheben. Eine kleine feuerfeste Form leicht fetten und mit den Bröseln ausstreuen. Spinatmasse einfüllen. In die Fettauffangpfanne des Backofens zwei Finger hoch Wasser füllen, die Form hineinstellen und bei 200 Grad 30–40 Minuten backen. Dazu schmeckt Tomatensauce.

Das Rezept enthält:
26 g E; 21 g F; 365 mg Ch; 32 g KH; 9 g B; 445 kcal; 1869 kJ

Reisauflauf mit Kräutern

2 Portionen

100 g Schweinefilet · 2 EL helle Sojasauce

½ unbehandelte Zitrone · 1 kleine Möhre

2 Stangen Staudensellerie · 2 EL natives Olivenöl extra

200 g Tomatenstückchen aus der Tetrapackung

1 TL Tomatenmark · 100 g Vollkorn- oder parboiled Reis

¼ l Fleischbrühfond oder Gemüsebrühe (Seite 94)

je 1 Bund Dill und glatte Petersilie

je 2 Zweige Rosmarin und Thymian · 125 g Magerjoghurt

2 EL frisch geriebener Parmesan · Muskat

Das Fleisch in hauchdünne Streifen schneiden. Sojasauce mit abgeriebener Zitronenschale verrühren, über das Fleisch träufeln, gut durchmischen und zugedeckt etwas ziehen lassen. Möhre und Sellerie waschen, putzen und in feine Scheiben schneiden. Öl in einer beschichteten Pfanne erhitzen, abgetropftes Fleisch unter Rühren darin anbraten, herausnehmen und das Gemüse in dem Fett andünsten. Tomaten und Fleischmarinade zufügen, mit Tomatenmark abschmecken und zugedeckt bei milder Hitze 10 Minuten köcheln. Reis in kochender Brühe garen. Kräuter waschen, trockenschwenken, Blättchen von den Stielen zupfen und fein hacken. Joghurt mit Parmesan verschlagen, mit etwas Muskat würzen. Reis mit Gemüse mischen. In eine feuerfeste Form zuerst eine Lage Gemüsereis geben, darauf Fleisch und Kräuter verteilen und mit Gemüsereis abschließen. Mit der Joghurtmasse übergießen und im vorgeheizten Backofen bei 200 Grad (Gas Stufe 3) 20 Minuten überbacken.

Eine Portion enthält:
23 g E; 19 g F; 64 mg Ch; 49 g KH; 9 g B; 465 kcal; 1953 kJ

Rhabarber-Auflauf

350 g Rhabarber · 1 EL Himbeersirup oder -gelee
10 g Butter · 6 Vollkorn-Zwiebäcke · Saft von 1 Orange
100 g Magerquark · 1 Ei (Gew.-Kl. 3)
1 Tütchen Bourbon-Vanillezucker · 1 Msp Zimt
etwas abgeriebene Zitronenschale von ½ unbehandelten Frucht
1 Prise Salz · 1 EL Zucker

Den Rhabarber waschen, putzen und in mundgerechte Stücke schneiden. Mit dem Himbeersirup mischen und etwas ziehen lassen. Anschließend in einem Topf ohne Wasserzugabe bei milder Hitze zugedeckt weichdünsten. Eine kleine feuerfeste Form ausfetten und die Zwiebäcke hineinlegen. Mit dem ausgepreßten Orangensaft beträufeln. Quark mit Eigelb, Vanillezucker, Zimt und abgeriebener Zitronenschale verrühren, über die Zwiebäcke streichen. Gut abgetropften Rhabarber darüber verteilen. Eiweiß mit Salz und Zucker sehr steif schlagen, auf den Rhabarber geben, glattstreichen und im vorgeheizten Backofen bei 200 Grad (Gas Stufe 3) 25 Minuten backen. Wird die Oberfläche zu dunkel, rechtzeitig mit Folie abdecken.

Das Rezept enthält:
29 g E; 18 g F; 339 mg Ch; 72 g KH; 13 g B; 600 kcal; 2520 kJ

Apfel-Brot-Auflauf

2 altbackene Brötchen · ⅛ l Magermilch

1 EL Zucker · 10 g flüssige Butter · 200 g Äpfel

1 Tütchen Bourbon-Vanillezucker

1 TL abgeriebene Zitronenschale von 1 unbehandelten Frucht

125 g Magerjoghurt · 1 Ei (Gew.-Kl. 3) · 1 TL Honig

Die Brötchen würfeln. Milch mit Zucker erhitzen und zusammen mit der Butter über die Brötchen gießen. 15 Minuten ziehen lassen. Äpfel dünn schälen, vierteln, entkernen und in feine Scheibchen schneiden. Zusammen mit Vanillezucker und Zitronenschale kurz erhitzen. Abgekühlt unter das Brot mischen. Alles in eine kleine feuerfeste Form füllen. Joghurt mit Eigelb und Honig verquirlen. Eiweiß sehr steif schlagen und unter den Joghurt heben. Auf der Brotmischung verteilen und im vorgeheizten Backofen bei 200 Grad (Gas Stufe 3) 20–25 Minuten backen.

Das Rezept enthält:
22 g E; 15 g F; 338 mg Ch; 113 g KH; 7 g B; 700 kcal; 2940 kJ

Graupeneintopf

80 g Graupen · 150 g magere Ochsenbrust
1 Bund Suppengrün · 1 Stückchen frischer Meerrettich
1 Lorbeerblatt · 1 kleine gelbe Paprikaschote
1 Petersilienwurzel · 1 TL Hefebrühextrakt
½ Bund glatte Petersilie

Die Graupen in Wasser einweichen. Ochsenbrust mit geputztem Suppengrün, geschältem Meerrettich und Lorbeerblatt in ½ l Salzwasser zum Kochen bringen. Zugedeckt bei milder Hitze 45 Minuten köcheln. Paprikaschote häuten (Tip Seite 62), putzen und kleinschneiden. Petersilienwurzel schälen, waschen und in feine Scheiben schneiden. Fleischbrühe durchsieben. Fleisch beiseite legen. Abgetropfte Graupen in die wieder erhitzte Brühe geben und 15 Minuten kochen. Suppengrün kleinschneiden und zusammen mit dem übrigen Gemüse zu den Graupen geben. 10 Minuten köcheln. Mit Hefebrühextrakt würzen. Fleisch würfeln und zufügen. Petersilie waschen, trockenschwenken, Blättchen von den Stielen zupfen und hacken, auf dem fertigen Suppentopf anrichten.

Das Rezept enthält:
32 g E; 19 g F; 120 mg Ch; 70 g KH; 12 g B; 555 kcal; 2331 kJ

Gemüsetopf mit Nockerln

½ l Gemüsebrühe (Seite 94) oder Hefebrühextrakt
1 dünne Stange Lauch · 1 Möhre · 2 Schwarzwurzeln
¼ kleine Sellerieknolle · 2 Petersilienwurzeln
⅛ l Fleischbrühfond (Seite 94) oder Kalbsfond aus dem Glas
35 g grober Maisgrieß · Muskat
2 EL frisch geriebener Parmesan · 1 Beet Kresse

Die Gemüsebrühe zum Kochen bringen. Gemüse putzen, waschen und klein schneiden. In die Brühe geben und bei milder Hitze weich kochen. Fleischbrühe erhitzen und unter Rühren den Grieß einrieseln lassen. Mit Muskat und Käse würzen und bei milder Hitze quellen lassen. Vom Herd nehmen. Aus der Masse mit zwei Teelöffeln kleine Nocken abstechen und in siedendem Salzwasser garen, bis sie an die Oberfläche kommen. Den Gemüsetopf mit den Nockerln sowie der Kresse anrichten.

Das Rezept enthält:
25 g E; 7 g F; 68 mg Ch; 65 g KH; 50 g B; 415 kcal; 1743 kJ

Hühnernudeltopf mit Gemüse

(Foto Seite 213)

2 Portionen

¾ l Fleischbrühfond (Seite 94) oder Geflügelfond aus dem Glas

2 Petersilienwurzeln · 1 mittelgroße Möhre

1 dünne Stange Lauch oder 3 Frühlingszwiebeln

200 g Blumenkohlröschen · 150 g Brokkoli

100 g Zuckerschoten oder extrafeine Erbsen

150 g frisches Hühnerbrustfleisch

etwas abgeriebene Zitronenschale von ½ unbehandelten Frucht

Salz · Muskat · 100 g Glasnudeln

1 Bund glatte Petersilie

Die Brühe zum Kochen bringen. Gemüse waschen, putzen und in mundgerechte Stücke schneiden. Fleisch mit Zitronenschale und Salz einreiben. Alles in die Brühe geben und bei milder Hitze 20 Minuten köcheln. Mit Muskat würzen. Nudeln in kaltem Wasser einweichen, abgetropft in die Suppe geben, 5 Minuten ziehen lassen. Petersilie waschen, trockenschwenken, Blättchen von den Stielen zupfen und grob hacken, auf die fertige Suppe streuen.

Eine Portion enthält:
37 g E; 5 g F; 45 mg Ch; 63 g KH; 15 g B; 460 kcal; 1932 kJ

Steckrübeneintopf

2 Portionen

1 kleine Steck- oder Kohlrübe · 1 Möhre

4 mittelgroße Kartoffeln · 200 g Kalbfleisch aus der Schulter

¾ l Fleischbrühfond (Seite 94) oder aus dem Glas oder Instant

1 Lorbeerblatt · je 1 Zweiglein Majoran und Thymian

etwas Beifuß oder Wermut

Muskat und Kümmel nach Geschmack

Das Gemüse putzen, waschen und in mundgerechte Stücke schneiden. Fleisch würfeln. Alles zusammen in die kochende Brühe geben, Gewürze und Kräuter zufügen und bei milder Hitze 45 Minuten garen. Nach Geschmack würzen.

Eine Portion enthält:
32 g E; 10 g F; 90 mg Ch; 42 g KH; 16 g B; 390 kcal; 1638 kJ

Desserts

Rote Grütze mit Vanillesauce

(Titelfoto)

Je 100 g Himbeeren und Erdbeeren

0,1 l Kirsch- oder schwarzer Johannisbeernektar

1 TL Speisestärke · 0,1 l Magermilch · ½ Vanilleschote

½ Tütchen Bourbon-Vanillezucker

1 EL Vanillesaucenpulver · 3 EL Eischnee

Die Beeren verlesen und zusammen mit dem Saft aufkochen. Stärke mit kaltem Wasser anrühren und zufügen. Einmal aufkochen und vom Herd nehmen. Kühl stellen. Milch mit aufgeschlitzter Vanilleschote und Zucker aufkochen. Saucenpulver anrühren und zufügen. Einmal aufkochen, vom Herd nehmen und erkalten lassen. Schote entfernen. Kurz vor dem Servieren Eischnee unterheben.

Das Rezept enthält:
5 g E; 1 g F; 0 mg Ch; 58 g KH; 6 g B; 270 kcal; 1134 kJ

Heidelbeercreme

150 g Heidelbeeren · 1 TL Puderzucker
125 g Magerquark · 3 EL Milch (1,5 % Fett)
1 TL flüssiger Honig oder Ahornsirup
1 Msp ausgeschabtes Vanillemark · 1 TL Zitronensaft
1 EL Cornflakes

Die Heidelbeeren verlesen und mit Puderzucker bestreuen. Quark mit Milch sämig rühren. Honig, Vanillemark und Zitronensaft abschmecken. Über die Früchte ziehen und mit Cornflakes bestreuen.

Das Rezept enthält:
18 g E; 1 g F; 1 mg Ch; 45 g KH; 8 g B; 305 kcal; 1281 kJ

Bananenschaum

1 große Banane · Saft von ½ Zitrone · 1 Eiweiß (Gew.-Kl. 4)
1 EL Hafer-Knusperflocken

Die Banane schälen und mit einer Gabel fein zermusen. Mit Zitronensaft verrühren. Eiweiß sehr steif schlagen und unter die Bananenmasse heben. Mit den Flocken bestreuen.

Das Rezept enthält:
5 g E; 0 g F; 0 mg Ch; 45 g KH; 5 g B; 200 kcal; 840 kJ

Hühnernudeltopf (Rezept Seite 209)

Apfelgrütze

¼ l Wasser · ½ Vanilleschote

1 Zitronenschale von ½ unbehandelten Frucht

250 g Äpfel · 2 EL Zucker · 1 EL Korinthen

1 EL Speisestärke · 1 EL Zitronensaft

Das Wasser mit der aufgeschlitzten Vanilleschote und Zitronenschale aufkochen. Äpfel dünn schälen, vierteln, entkernen und in feine Scheibchen schneiden, ins Wasser geben, mit Zucker süßen und bei milder Hitze 10 Minuten köcheln. Vanilleschote und Zitronenschale entfernen. Korinthen zufügen und mit der angerührten Speisestärke binden. Vom Herd nehmen, Zitronensaft unterrühren, abschmecken und kalt stellen.

Das Rezept enthält:
1 g E; 0 g F; 0 mg Ch; 78 g KH; 3 g B; 340 kcal; 1428 kJ

Tip: Sie können die Grütze mit Milch essen, mit Eischneeklößchen oder den Eischnee unter die Grütze schlagen, dann entsteht eine Schaumspeise.

Pfirsichkompott mit heißen Himbeeren

1 großer Pfirsich · 1 EL Zitronensaft · 1 TL Puderzucker

100 g Himbeeren · 1 Zweig Zitronenmelisse

Den Pfirsich häuten, halbieren und entkernen. Dann in feine Scheiben schneiden und zusammen mit Zitronensaft, Puderzucker und 2 EL Wasser einmal aufkochen. Vom Herd nehmen und die Flüssigkeit erkalten lassen. Pfirsichstücke abgießen, Sud auffangen, mit den Himbeeren mischen und unter ständigem Rühren erhitzen. Über das Pfirsichkompott ziehen und mit Zitronenmelisse garnieren.

Das Rezept enthält:
2 g E; 0 g F; 0 mg Ch; 30 g KH; 7 g B; 130 kcal; 546 kJ

Limonenjoghurt auf Kiwisauce

150 g Magerjoghurt

½ Limone (Limette oder kleine saftige Zitrone)

1 EL Honig oder Puderzucker

2 Blatt weiße Gelatine · 1 Eiweiß (Gew.-Kl. 4)

1 Prise Salz · 1 Kiwi

Den Joghurt mit ausgepreßtem Limonensaft und Honig verschlagen. Gelatine nach Packungsanweisung auflösen, Joghurtmasse unterrühren. Eiweiß mit Salz sehr steif schlagen und die Hälfte davon unter den Joghurt heben. In eine kleine, mit kaltem Wasser ausgespülte Form füllen und im Kühlschrank erstarren lassen. Kiwi schälen und pürieren, durch ein Sieb auf einen Dessertteller streichen und die Joghurtcreme darauf stürzen.

Das Rezept enthält:
10 g E; 0 g F; 0 mg Ch; 29 g KH; 2 g B; 175 kcal; 735 kJ

Anmerkung: Den restlichen Eischnee im Kühlschrank aufbewahren, am nächsten Tag wieder neu aufschlagen und verbrauchen, z.B. unter Apfelmus oder Quark ziehen.

Zitronenquark mit Aprikosen

125 g Magerquark · 2 EL Buttermilch · ½ Zitrone

½ Tütchen Bourbon-Vanillezucker

150 g Aprikosenspalten (aus dem Glas, ungesüßt) oder frisch, als Kompott gekocht

¼ TL Instant-Kakaopulver

Den Quark mit Buttermilch und ausgepreßtem Zitronensaft verrühren. Mit Vanillezucker süßen. Abwechselnd mit den Aprikosenspalten in ein hübsches Glas schichten. Die obere Schicht sollte Quark sein. Mit dem Kakaopulver bestäuben.

Das Rezept enthält:
18 g E; 1 g F; 3 mg Ch; 30 g KH; 3 g B; 215 kcal; 903 kJ

Buttermilchgelee mit Beeren

¼ l Buttermilch

2 EL Grenadinesirup (Granatapfelsirup) oder Himbeersirup

½ Saftorange · 3 Blatt weiße, 1 Blatt rote Gelatine

100 g Brombeeren (oder Heidelbeeren)

Puderzucker

Die Buttermilch mit dem Sirup schaumig schlagen. Ausgepreßten Orangensaft zufügen. Gelatine nach Packungsanweisung auflösen und die Buttermilch unter stetem Rühren darunterschlagen. In ein Förmchen füllen und im Kühlschrank erstarren lassen. Das Gelee stürzen und mit den verlesenen Beeren umlegen. Hauchzart mit Puderzucker bestäuben.

Das Rezept enthält:
15 g E; 2 g F; 10 mg Ch; 47 g KH; 7 g B; 350 kcal; 1470 kJ

Mango mit Schneehaube

½ Mango · 1 TL Zitronensaft · ½ Eiweiß

1 TL Puderzucker

Die Mango schälen und das Fruchtfleisch vom Kern abtrennen. In gleichmäßige dünne Spalten schneiden und auf einem feuerfesten Tellerchen anordnen. Mit Zitronensaft beträufeln. Eiweiß mit Puderzucker steif schlagen und über die Mango ziehen. Unterm heißen Grill ganz kurz überbacken (gratinieren).

Das Rezept enthält:
1 g E; 0 g F; 0 mg Ch; 22 g KH; 2 g B; 100 kcal; 420 kJ

Anmerkung: Wie man ein Eiweiß halbiert, steht im Tip auf Seite 62.

Erdbeergrütze

200 g Erdbeeren · ½ unbehandelte Zitrone
1 EL Puderzucker · 1 TL Speisestärke

Die Erdbeeren putzen, halbieren. Die Hälfte zusammen mit etwas abgeriebener Zitronenschale, Zitronensaft, Puderzucker und ⅛ l Wasser zum Kochen bringen. Bei milder Hitze 5 Minuten köcheln lassen. Mit angerührter Stärke leicht binden und die restlichen Erdbeeren zufügen. Vom Herd nehmen, in ein Schälchen füllen und kühl stellen.

Das Rezept enthält:
1 g E; 0 g F; 0 mg Ch; 31 g KH; 4 g B; 155 kcal; 651 kJ

Tip: Die Grütze kann mit frischer Milch gegessen werden oder mit Schneeklößchen aus übriggebliebenem Eiweiß.

Grießflammeri mit Pflaumensaft

¼ l Milch (1,5 % Fett) · 1 unbehandelte Zitronenschale
½ aufgeschlitzte Vanilleschote · 1 EL Zucker
35 g Grieß · 1 Eiweiß (Gew.-Kl. 4) · 0,1 l Pflaumensaft

Die Milch mit Zitronenschale, Vanilleschote und Zucker zum Kochen bringen. Grieß unter Rühren einrieseln und bei milder

Hitze ausquellen lassen. Vom Herd nehmen, Schale und Schote entfernen. Eiweiß sehr steif schlagen und unter den Pudding heben. Erkalten lassen und mit dem Pflaumensaft umgießen.

Das Rezept enthält:
13 g E; 4 g F; 12 mg Ch; 64 g KH; 0 g B; 355 kcal; 1491 kJ

Vanillecreme mit Sanddorn

¼ l Milch (1,5 % Fett) · ½ aufgeschlitzte Vanilleschote

1 Tütchen Bourbon-Vanillezucker · 2 EL Speisestärke

1 Eigelb (Gew.-Kl. 4)

abgeriebene Zitronenschale von ½ unbehandelten Frucht

3 EL gesüßter Sanddorn-Dicksaft

Die Milch mit Vanilleschote und Vanillezucker zum Kochen bringen. Mit angerührter Speisestärke andicken, aufkochen und ziehen lassen. Schote entfernen. Eigelb mit 2 EL des Puddings verrühren und die Creme damit legieren. Vom Herd nehmen, mit Zitronenschale würzen und in einem Schälchen erkalten lassen. Mit Sanddornsaft umgießen.

Das Rezept enthält:
11 g E; 11 g F; 326 mg Ch; 54 g KH; 0 g B; 375 kcal; 1575 kJ

Bratapfel mit Ingwerjoghurt

1 mittelgroßer Boskop · 1 EL Honig
3 geschälte, halbierte Mandeln
1 EL frisch ausgepreßter Orangensaft
125 g Magerjoghurt · 1 Msp Ingwerpulver

Den Apfel gut waschen und mit einem Apfelausstecher das Kerngehäuse herausheben. Auf ein entsprechend großes Stück Alufolie – auf die glänzende Seite – geben. In die Öffnung den Honig träufeln und die gehackten Mandeln füllen. Folie gut verschließen und im vorgeheizten Backofen bei 200 Grad (Gas Stufe 3) 25 Minuten garen. Aus der Folie nehmen, den Saft abgießen und auffangen, mit Orangensaft unter den Joghurt schlagen. Mit Ingwer abschmecken und über den noch heißen Apfel gießen.

Das Rezept enthält:
4 g E; 3 g F; 0 mg Ch; 38 g KH; 6 g B; 200 kcal; 840 kJ

Tip: Bei eiweißarmer Kost auf den Joghurt verzichten.

Vanillequark mit Orangenfilets

⅛ l Milch (1,5 % Fett) · 1 Tütchen Bourbon-Vanillezucker
1 Päckchen Vanillesaucenpulver · 125 g Magerquark
1 Blutorange

Die Milch mit Vanillezucker zum Kochen bringen. Angerührtes Saucenpulver zufügen, einmal aufkochen und vom Herd nehmen. Abkühlen lassen. Magerquark unter den Pudding rühren und in ein hübsches Becherglas füllen. Die Orange rund wie einen Apfel schälen, dabei soviel wie möglich von der weißen Haut mit entfernen. Mit einem spitzen Messer jeweils rechts und links von den einzelnen Fruchtsegmenten einschneiden und die Scheiben (Filets) ohne Häutchen heraustrennen. Die Speise damit garnieren.

Das Rezept enthält:
20 g E; 2 g F; 7 mg Ch; 34 g KH; 2 g B; 245 kcal; 1029 kJ

Alkoholfreie Drinks und Cocktails

Karotten-Buttermilch

$\frac{1}{8}$ l naturreiner Möhrensaft · $\frac{1}{8}$ l Buttermilch

$\frac{1}{2}$ TL frisch geriebener Meerrettich

$\frac{1}{2}$ TL Honig oder Ahornsirup

Alle Zutaten im elektrischen Mixer verquirlen und sofort trinken.

Das Rezept enthält:
6 g E; 0,5 g F; 5 mg Ch; 21 g KH; 0 g B; 115 kcal; 483 kJ

Ayran

175 g Magerjoghurt (3,5 % Fett)

$\frac{1}{4}$ l kohlensäurearmes Mineralwasser · 1 Prise Meersalz

Alle Zutaten im elektrischen Mixer oder mit dem Schneebesen verquirlen. Mit Strohhalm trinken.

An heißen Tagen oder nach dem Sport eine köstliche Erfrischung.

Das Rezept enthält:
6 g E; 6 g F; 19 mg Ch; 7 g KH; 0 g B; 105 kcal; 441 kJ

Gemüsesaft

(Titelfoto)

Je 1 Stückchen Rettich und Salatgurke

1 Handvoll Spinat oder Löwenzahnblätter

1 gehäutete Tomate · 1 Prise Meersalz · 1 Beet Kresse

1 TL Zitronensaft · 3 EL Buttermilch

Das Gemüse soweit nötig schälen, putzen und waschen, dann zerkleinern und zusammen mit den restlichen Zutaten im elektrischen Mixer pürieren. Sofort trinken.

Das Rezept enthält:
6 g E; 0,5 g F; 2 mg Ch; 12 g KH; 4 g B; 80 kcal; 336 kJ

Rhabarber-Cocktail

350 g Rhabarber · 1 EL Zucker · 125 g Magerjoghurt
1 TL Zitronensaft · 1 Prise Zimt · 1 TL Honig

Den Rhabarber putzen, waschen, in kleine Stücke schneiden und zusammen mit Zucker in 5 EL Wasser weich dünsten. Im Mixer pürieren und durch ein feines Haarsieb streichen. Joghurt mit Zitronensaft, Zimt und Honig verschlagen, mit dem Rhabarbersaft vermischen und sofort trinken.

Das Rezept enthält:
6 g E; 0 g F; 0 mg Ch; 43 g KH; 0 g B; 190 kcal; 798 kJ

Eis-Shake

1 große Kugel Vanilleeis (ca. 80 g) · ¼ l Buttermilch
1 Spritzer Zitronensaft · 1 Prise Ingwer

Alle Zutaten im elektrischen Mixer kurz verquirlen. In ein Glas füllen und mit Strohhalm trinken.

Das Rezept enthält:
12 g E; 3 g F; 10 mg Ch; 27 g KH; 0 g B; 180 kcal; 756 kJ

Florinda

2 Blutorangen · ½ Grapefruit · 1 TL Ahornsirup

2 EL Instant-Haferflocken

Orangen und Grapefruit auspressen. Säfte mit Sirup und Haferflocken im Mixer verquirlen und sofort trinken.

Das Rezept enthält:
3 g E; 1 g F; 0 mg Ch; 53 g KH; 1 g B; 250 kcal; 1050 kJ

Heiße Mandelmilch

¼ l Milch (1,5 % Fett) · 1 EL Honig

2 EL geschälte und geriebene Mandeln

Milch mit Honig und Mandeln erhitzen. 5 Minuten bei milder Hitze ziehen lassen, dann durch ein feines Haarsieb streichen, dabei die Mandeln kräftig auspressen.

Das Rezept enthält:
12 g E; 14 g F; 12 mg Ch; 22 g KH; 0 g B; 265 kcal; 1113 kJ

Summerday

0,1 l weißer Traubensaft · Saft von ½ Grapefruit

Saft von 1 Blut- oder Saftorange · 1 Zweig Minze

Alle Zutaten bis auf die Minze im Mixer schütteln, in ein hübsches Glas abseihen und mit der Minze garnieren.

Das Rezept enthält:
1 g E; 0 g F; 0 mg Ch; 37 g KH; 0 g B; 155 kcal; 651 kJ

Abendrot

⅛ l roter Traubensaft · 1 cl Erdbeersirup

2 Spritzer Zitronensaft · 1 Eiswürfel

1 Schuß kohlensäurearmes Mineralwasser · 1 Cocktailkirsche

1 Zweig Zitronenmelisse

Alle Zutaten bis auf Kirsche und Zitronenmelisse im Schüttelbecher mixen, in ein Cocktailglas seihen, mit Cocktailkirsche und Zitronenmelisse garnieren.

Das Rezept enthält:
0 g E; 0 g F; 0 mg Ch; 31 g KH; 0 g B; 125 kcal; 525 kJ

Fitneß-Drink

½ Banane · ½ Kiwi

1 Scheibe frische oder ungesüßte Dosen-Ananas

125 g Magerjoghurt · 0,1 l kohlensäurearmes Mineralwasser

1 Zweig Zitronenmelisse

Die Früchte soweit nötig schälen, zerkleinern und zusammen mit Joghurt und Wasser im elektrischen Mixer pürieren. In ein Glas füllen, Melisse fein hacken und auf den Drink streuen.

Das Rezept enthält:
5 g E; 0 g F; 0 mg Ch; 44 g KH; 4 g B; 200 kcal; 840 kJ

Tomapfel

¼ l Tomatensaft · ⅛ l naturreiner Apfelsaft

je 1 Prise Muskat und Ingwer

Alle Zutaten im elektrischen Mixer verquirlen und sofort trinken.

Das Rezept enthält:
2 g E; 0 g F; 0 mg Ch; 23 g KH; 0 g B; 100 kcal; 420 kJ

Zitronentee

Durstlöscher auf Vorrat

Saft von 3 Zitronen · ¼ l Pfefferminztee

1 TL Honig oder Ahornsirup · frische Minzblätter

Den ausgepreßten Zitronensaft mit 4 EL Wasser verrühren und in einen Eiswürfelbehälter füllen. Gefrieren lassen. Jeweils 1 Zitronensaftwürfel in ¼ l frisch gekochten Pfefferminztee geben, mit Honig süßen und einem Minzblatt garnieren.

Das Rezept enthält:
0 g E; 0 g F; 0 mg Ch; 16 g KH; 0 g B; 65 kcal; 270 kJ

Kuchen und Gebäck

Verschiedene Mürbeteig-Plätzchen

(Foto Seite 231)

Mürbeteig-Grundrezept

200 g Butter oder Butterschmalz · 2 Eier (Gew.-Kl. 3)
100 g Zucker · 500 g Mehl (Type 1050) · 1 Prise Salz

Das Fett etwas weich werden lassen, dann mit Eiern schaumig rühren, Zucker zufügen und so lange rühren, bis die Masse fast weiß ist. Mehl dazusieben und alles rasch zu einem geschmeidigen Teig verkneten. In Haushaltsfolie wickeln und 30 Minuten kühl stellen. Entweder gleich zu verschiedenen Plätzchen weiterverarbeiten oder portionsweise einfrieren, für späteren Bedarf.

Das Rezept enthält:
67 g E; 216 g F; 1308 mg Ch; 455 g KH; 25 g B; 4057 kcal; 17039 kJ

Tip: Wird Diätmargarine statt Butter oder Butterschmalz verwendet, verringert sich der Cholesterinwert etwa um die Hälfte.

Apfel-Käse-Kuchen

100 g Mehl (Type 1050) · 40 g Diätmargarine
1 Eigelb · 1 TL Magermilch · 1 EL Zucker
Mehl zum Ausrollen · Fett für die Form · 350 g Äpfel
½ Zitrone (unbehandelt) · 200 g Schichtkäse (10 % Fett i. Tr.)
125 g Magerquark · 1 Ei (Gew.-Kl. 3) · 2 EL Honig
1 EL Speisestärke oder Vanillepuddingpulver
1 Eiweiß (Gew.-Kl. 3) · Salz · 1–2 EL Aprikosenkonfitüre
1 EL Mandelblättchen

Aus Mehl, Fett, Eigelb, Milch und Zucker rasch einen Teig kneten, 30 Minuten kühl stellen, dann auf einer bemehlten Fläche dünn ausrollen. Eine kleine Springform (Ø 16 cm), leicht fetten und mit dem Teig auslegen. Den Boden mit einer Gabel mehrfach einstechen und im vorgeheizten Backofen bei 200 Grad (Gas Stufe 3) 10 Minuten vorbacken. Äpfel dünn schälen, vierteln, entkernen und in feine Scheibchen schneiden. Mit etwas Zitronensaft beträufeln. Schichtkäse mit Quark, etwas abgeriebener Zitronenschale, Eigelb, Honig und Stärke verrühren, abschmecken. Die beiden Eiweiß mit einer Prise Salz sehr steif schlagen und unter die Quarkcreme heben. Drei Viertel der Äpfel auf dem Mürbeteigboden verteilen, die Quarkmasse darauf streichen und mit den restlichen Äpfeln bestreuen. Im vorgeheizten Ofen bei 200 Grad (Gas Stufe 3) 35–40 Minuten backen. Konfitüre erwärmen, durch ein Sieb streichen und auf den Kuchen geben, mit Mandeln bestreuen und im ausgeschalteten Ofen auskühlen lassen.

Ergibt 8 Stück zu je:
9 g E; 7 g F; 79 mg Ch; 23 g KH; 2 g B; 190 kcal; 798 kJ

Verschiedene Mürbeteig-Plätzchen (Rezept Seite 229)

Ingwer-Sterne

¼ Mürbeteig-Grundrezept · 60 g kandierter Ingwer
1 Msp Ingwerpulver · etwas Mehl zum Ausrollen
etwas Magermilch zum Bestreichen

Den Mürbeteig mit 40 g von dem kleingehackten Ingwer und Ingwerpulver gut verkneten. Auf einer bemehlten Arbeitsfläche dünn ausrollen und verschieden große Sterne ausstechen. Auf ein mit Backtrennpapier ausgelegtes Blech setzen, mit Milch bepinseln, mit dem restlichen gehackten Ingwer bestreuen und im vorgeheizten Backofen bei 180 Grad (Gas Stufe 2) 12–15 Minuten backen.

Ergibt ca. 30 Stück zu je:
1 g E; 2 g F; 11 mg Ch; 5 g KH; 0 g B; 35 kcal; 147 kJ

Orangenplätzchen

¼ Mürbeteig-Grundrezept
etwas abgeriebene Orangenschale von ½ unbehandelten Frucht
etwas Mehl zum Ausrollen
etwas Magermilch zum Bestreichen
2–3 EL Orangenkonfitüre (englische Art mit Schalen-Julienne)

Den Mürbeteig mit abgeriebener Orangenschale nochmals gut verkneten. Auf einer bemehlten Arbeitsfläche dünn ausrollen und große und kleine Plätzchen ausstechen. Auf ein mit Backtrennpapier ausgelegtes Blech setzen, die Plätzchen mit Milch bepinseln und bei 180 Grad (Gas Stufe 2) 12–15 Minuten backen. Konfitüre etwas erwärmen, die Plätzchen damit bepinseln, jeweils ein kleines auf ein großes Plätzchen setzen und mit den Orangenschalenstreifen garnieren.

Ergibt ca. 15 Stück zu je:
1 g E; 4 g F; 22 mg Ch; 10 g KH; 0,5 g B; 75 kcal; 315 kJ

Zitronenringe und -taler

½ Mürbeteig-Grundrezept

abgeriebene Schale und Saft von 1 unbehandelten Frucht

etwas Mehl zum Ausrollen

Magermilch zum Bestreichen · 2 EL Puderzucker

Den Mürbeteig mit Zitronenschale und 1 EL Zitronensaft gut verkneten. Auf einer bemehlten Fläche dünn ausrollen und je 30 große und kleine Ringe ausstechen. Ringe und Taler auf ein mit Backtrennpapier ausgelegtes Blech setzen, mit Milch bepinseln und im vorgeheizten Ofen bei 180 Grad (Gas Stufe 2) 12–15 Minuten backen. Puderzucker mit so viel Zitronensaft verrühren, bis ein streichfähiger Guß entsteht. Die Ringe obenauf mit Guß bepinseln und zusammensetzen. Die Taler ebenfalls mit Guß bestreichen und zusammensetzen.

Ergibt ca. 60 Stück zu je:
0,5 g E; 2 g F; 11 mg Ch; 5 g KH; 0 g B; 35 kcal; 147 kJ

Vanillehörnchen

½ Mürbeteig-Grundrezept · 1 Vanilleschote

Magermilch zum Bestreichen

1–2 Tütchen Bourbon-Vanillezucker

Den Mürbeteig mit dem ausgeschabten Vanillemark kräftig verkneten. Aus dem Teig daumendicke Rollen formen und jeweils in 2 cm lange Stücke schneiden. Daraus kleine Hörnchen formen. Auf ein mit Backtrennpapier ausgelegtes Blech setzen, mit Milch bepinseln, mit Vanillezucker bestreuen und bei 180 Grad (Gas Stufe 2) 15 Minuten goldgelb backen.

Ergibt ca. 20 Stück zu je:
2 g E; 5 g F; 33 mg Ch; 12 g KH; 0,5 g B; 100 kcal; 420 kJ

Mürbeteig-Schiffchen gefüllt mit Pfirsichschaum

½ Mürbeteig-Grundrezept

Mehl zum Ausrollen · etwas Fett für die Formen

500 g Pfirsiche (frisch als Kompott gekocht oder ungesüßt aus der Dose)

125 g Magerjoghurt · 3 Blatt weiße Gelatine

1 Eiweiß (Gew.-Kl. 3) · 1 Prise Salz · frische Minze

Den Mürbeteig nach dem Kühlen auf einer bemehlten Fläche dünn ausrollen. 8 Schiffchenformen dünn ausfetten und jeweils mit Teig auslegen. Die Böden mit einer Gabel einstechen und im vorgeheizten Backofen bei 180 Grad (Gas Stufe 2) 15 Minuten bakken. Herausnehmen, auskühlen lassen und auf ein Kuchengitter stürzen. Pfirsiche gut abtropfen lassen, pürieren und mit dem Joghurt vermischen. Gelatine nach Packungsanweisung auflösen und mit dem Schneebesen rasch unter den Joghurt schlagen. Kühl stellen. Das Eiweiß mit Salz sehr steif schlagen und unter die gelierende Masse heben. In einen Spritzbeutel füllen und die Schiffchen jeweils spiralförmig damit ausgarnieren. Mit Minze verzieren.

Ergibt 8 Stück zu je:
6 g E; 14 g F; 82 mg Ch; 40 g KH; 2 g B; 305 kcal; 1282 kJ

Aprikosen-Torteletts

Entweder fertige Mürbeteig-Torteletts kaufen oder ½ Mürbeteig-Grundrezept nehmen und 8 Torteletts backen.

Für die Füllung:
250 g Magerquark · 1 Eigelb (Gew.-Kl. 4)
1 Tütchen Bourbon-Vanillezucker
500 g Aprikosenkompott (aus der Dose oder aus frischen Früchten gekocht)
3–4 EL Aprikosenkonfitüre

Den Quark mit Eigelb und Vanillezucker schaumig aufschlagen. Auf die Torteletts streichen und mit abgetropften Aprikosen belegen. Konfitüre etwas erwärmen, durch ein Sieb streichen und auf die Früchte tupfen.

Ergibt 8 Stück zu je:
9 g E; 14 g F; 120 mg Ch; 45 g KH; 3 g B; 345 kcal; 1449 kJ

Marmorkuchen

100 g Diätmargarine · 100 g Zucker

1 Ei (Gew.-Kl. 3) · Salz · 125 g Weizenmehl (Type 405)

1 Päckchen Vanillepuddingpulver · 1 TL Backpulver

2 TL Kakaopulver (entölt) · 1 EL Mager- oder Buttermilch

1 Tütchen Bourbon-Vanillezucker

Fett und Semmelbrösel für die Form

Puderzucker zum Bestäuben

Das Fett schaumig rühren, nach und nach Zucker, Ei sowie eine Prise Salz zufügen und zu einer weißlichen Creme rühren. Mehl langsam dazusieben, Puddingpulver und Backpulver mischen und ebenfalls mit unterrühren. Ist der Teig zu fest, etwas Buttermilch dazugeben. Ein Drittel vom Teig abnehmen und mit Kakao, Milch und Vanillezucker verrühren. Eine kleine Napfkuchenform (Ø 16 cm), fetten, mit Semmelbrösel ausstreuen und die Hälfte von dem hellen Teig einfüllen. Kakaomasse daraufgeben und wieder mit der hellen abschließen. Glattstreichen. Mit einer Gabel spiralartig durch alle Teigmassen ziehen, damit später ein schönes Marmormuster entsteht. Im vorgeheizten Backofen bei 180 Grad (Gas Stufe 2) 40–50 Minuten backen. Auf ein Kuchengitter stürzen, auskühlen lassen und mit Puderzucker bestäuben.

Ergibt 8 Stück zu je:
3 g E; 11 g F; 40 mg Ch; 26 g KH; 0,5 g B; 215 kcal; 903 kJ

Birnen-Muffins

200 g Weizenvollkornmehl

25 g Weizenkeime (siehe dazu Rezept Weizenkeim-Müsli Seite 74)

1 TL Backpulver · 1 EL Zimt · 100 g eingeweichte Rosinen

2 große Williamsbirnen · 0,1 l Buttermilch

3 EL Birnendicksaft (aus dem Reformhaus)

2 EL Honig oder Ahornsirup · 1 Eiweiß (Gew.-Kl. 3)

etwas flüssige Diätmargarine zum Bestreichen der Form

Das Mehl mit Keimen (die vorher in einer beschichteten Pfanne ohne Fettzugabe geröstet wurden), Backpulver, Zimt und abgetropften Rosinen vermischen. Birnen dünn schälen, halbieren, entkernen und würfeln. Zufügen und mit Milch, Birnensaft und Honig zu einem Teig verrühren. Eiweiß sehr steif schlagen und unterheben. Ein Muffin-Blech oder kleine Ragoutförmchen leicht ausfetten, zu zwei Drittel mit Teig füllen und im vorgeheizten Backofen (Gas Stufe 3) 20–25 Minuten goldbraun backen. Sollten sie in der Zwischenzeit zu dunkel werden, gleich mit etwas Alufolie abdecken.

Ergibt 10 Stück zu je:
4 g E; 1 g F; 0 mg Ch; 27 g KH; 4 g B; 135 kcal; 567 kJ

Haferflockenkekse

100 g kernige Haferflocken · 2 EL Honig

3 EL Kokosflocken · 100 g Diätmargarine · 50 g Zucker

1 Ei (Gew.-Kl. 3) · 20 g Speisestärke · 40 g Mehl (Type 405)

etwas abgeriebene Zitronenschale von ½ unbehandelten Frucht

1 TL Backpulver

Die Haferflocken mit Honig und Kokosflocken in einer beschichteten Pfanne anrösten. Fett mit Zucker und Ei schaumig rühren. Stärke, Mehl, Zitronenschale und Backpulver zufügen und zum Schluß die Flockenmischung untermengen. Auf ein mit Backtrennpapier ausgelegtes Blech kleine Teighäufchen setzen und im vorgeheizten Backofen bei 200 Grad (Gas Stufe 3) 10 Minuten goldgelb backen.

Ergibt ca. 30 Stück zu je:
1 g E; 4 g F; 11 mg Ch; 6 g KH; 0,5 g B; 55 kcal; 231 kJ

Alphabetisches Register

Register nach Sachgruppen

HEILKRÄUTERTEES

REZEPTE ZUR SCHLANKHEITSKUR

BREIE, MÜSLI & CO.

KALTE UND WARME SUPPEN

SALATE

SNACKS

BROTAUFSTRICHE

FLEISCH, GEFLÜGEL UND WILD

FISCH UND MEERESFRÜCHTE

GEMÜSE UND BEILAGEN

VEGETARISCHE GERICHTE

EINTÖPFE UND AUFLÄUFE

DESSERTS

DRINKS UND COCKTAILS

KUCHEN UND GEBÄCK

HEYNE RATGEBER

HEYNE BÜCHER

»Gesundheit aus dem Garten der Natur«

INGEBORG MÜNZING-RUEF

Die erfolgreiche Autorin Ingeborg Münzing-Ruef hat die neuesten Forschungsergebnisse zusammengetragen und gibt eine Fülle von Tips und Ratschlägen, um besser und gesünder zu leben.

08/9357

Gesundheit

08/4873

08/9132

08/9023

Über alle bei Heyne erschienenen Ratgeber informiert ausführlich das Heyne-Gesamtverzeichnis. Sie erhalten es von Ihrer Buchhandlung oder direkt vom Verlag.

Wilhelm Heyne Verlag München